GÉOGRAPHIE

ÉLÉMENTAIRE

DES COLLÉGES ET DES PENSIONS

ENSEIGNÉE SUR LES CARTES ET SANS LIVRE

Par TH. LEBRUN

ANCIEN DIRECTEUR DE L'ÉCOLE NORMALE PRIMAIRE DE VERSAILLES
INSPECTEUR DE L'INSTRUCTION PRIMAIRE DANS LE DÉPARTEMENT DE LA SEINE

ET A. LE BÉALLE

ANCIEN ÉLÈVE DE L'ÉCOLE NORMALE PRIMAIRE DE VERSAILLES
MAÎTRE DES TRAVAUX GRAPHIQUES AU COLLÉGE ROLLIN ET A SAINTE-BARBE

Atlas N° .. 16 Cartes.

PARIS.

IMPRIMERIE ET LIBRAIRIE CLASSIQUES DE JULES DELALAIN

IMPRIMEUR DE L'UNIVERSITÉ, RUE DES ÉCOLES, VIS-À-VIS DE LA SORBONNE

[illegible]

GÉOGRAPHIE

ÉLÉMENTAIRE

DES COLLÉGES ET DES PENSIONS

ENSEIGNÉE SUR LES CARTES ET SANS LIVRE

Par TH. LEBRUN

ANCIEN DIRECTEUR DE L'ÉCOLE NORMALE PRIMAIRE DE VERSAILLES
INSPECTEUR DE L'INSTRUCTION PRIMAIRE DANS LE DÉPARTEMENT DE LA SEINE

Et A. LE BÉALLE

ANCIEN ÉLÈVE DE L'ÉCOLE NORMALE PRIMAIRE DE VERSAILLES
MAÎTRE DES TRAVAUX GRAPHIQUES AU COLLÉGE ROLLIN ET A SAINTE-BARBE.

Atlas A. — 16 Cartes.

PARIS.
IMPRIMERIE ET LIBRAIRIE CLASSIQUES DE JULES DELALAIN
IMPRIMEUR DE L'UNIVERSITÉ, RUE DES ÉCOLES, VIS-A-VIS DE LA SORBONNE.

1859

CARTES DONT SE COMPOSE CETTE GÉOGRAPHIE :

Atlas A.

1. Mappemonde.
2. Europe physique.
3. Europe politique.
4. France physique, divisée en bassins.
5. France politique, divisée en départements.
6. France historique, divisée en provinces.
7. Asie physique.
8. Asie politique.
9. Afrique physique et politique.
10. Amérique septentrionale physique.
11. Amérique septentrionale politique.
12. Amérique méridionale physique.
13. Amérique méridionale politique.
14. Océanie.
15. Géographie de l'histoire sainte.
16. Monde connu des anciens.

Atlas B.

1. Mappemonde.
2. Europe physique.
3. Europe politique.
4. France physique, divisée en bassins.
5. France politique, divisée en départements.
6. France historique, divisée en provinces.
7. France itinéraire, chemins de fer et canaux.
8. Algérie.
9. Iles Britanniques.
10. Belgique et Hollande.
11. Suède, Norwége et Danemark.
12. Russie d'Europe.
13. Europe centrale.
14. Suisse.
15. Espagne et Portugal.
16. Italie.
17. Empire ottoman et Grèce.
18. Asie physique.
19. Asie politique.
20. Afrique physique et politique.
21. Amérique septentrionale physique.
22. Amérique septentrionale politique.
23. Amérique méridionale physique.
24. Amérique méridionale politique.
25. Antilles et Guyane française.
26. Océanie.
27. Géographie de l'histoire sainte.
28. Monde connu des anciens.

OUVRAGES DES MÊMES AUTEURS :

Livret du Professeur, Exposé de la méthode et réponses aux questionnaires des cartes de la Géographie élémentaire des Colléges, Atlas A; in-12.

Carte murale de la France, imprimée typographiquement sur une seule feuille de fort papier de 2 mètres de large et de 1 mètre 50 cent. de haut et coloriée à teintes plates, publiée par *MM. Th. Lebrun* et *A. Le Béalle*. Prix : 5 fr.

Géographie élémentaire des Écoles enseignée sur les cartes et sans livre au moyen de questionnaires, composée de sept cartes, par *MM. Th. Lebrun* et *A. Le Béalle*; 1 vol. grand in-8°.

Livret du Maître, Exposé de la méthode et réponses aux questionnaires des cartes de la Géographie élémentaire des Écoles; in-12.

INTRODUCTION.

La géographie étant une science de faits et d'observations, la connaissance qu'il faut d'abord donner à l'élève est celle des faits. Notre Géographie élémentaire a pour objet cette première étude, qui doit se faire sur la carte. C'est ce que tous les professeurs recommandent, c'est ce qu'ils exigent, et c'est ce qu'ils n'obtiennent presque jamais. L'élève, ayant sous les yeux des cartes très-compliquées, et dans la main un livre qui présente la leçon toute faite et réduite à la plus simple expression, ne se sert que du livre et néglige la carte. Il en résulte que, croyant apprendre la géographie, c'est-à-dire la description figurée de la terre, il n'apprend que la description parlée, il n'apprend qu'un livre, il n'apprend que des mots qu'il oublie très-rapidement.

Chargé d'enseigner cette science à de jeunes instituteurs qui devaient à leur tour l'enseigner aux enfants, j'essayai plusieurs méthodes, je fis usage de plusieurs atlas, et c'est l'expérience de douze années d'enseignement qui m'a conduit à la méthode nouvelle que nous offrons aux maîtres et aux élèves. Elle n'est que la mise en pratique des conseils donnés par les bons professeurs, conseils que les élèves ne se pressent pas de suivre, parce que la difficulté de se servir des cartes telles qu'elles sont, augmente en proportion de l'ignorance où l'on est. Ce n'est qu'après avoir passé plusieurs années à étudier avec peine sur ces cartes, qu'on parvient à débrouiller le chaos qu'elles présentent. Il semble en effet qu'elles aient toujours été faites jusqu'à présent pour ceux qui savent la géographie, et jamais pour ceux qui veulent l'apprendre.

Frappés de cette vérité, nous avons pensé qu'il n'était pas impossible de disposer des cartes pour l'enseignement. Dans toutes les autres études, on procède méthodiquement : on va du simple au composé. Dans l'enseignement géographique au contraire, on donne à l'enfant qui commence des cartes générales qui contiennent tout ce que l'espace permet d'y mettre. Et l'on dirait que les géographes luttent à qui en mettra le plus. Ils croient qu'il y a avantage à compléter le plus possible la nomenclature des pays figurés, parce que, disent-ils, l'élève, en cherchant les noms qu'on lui donne à apprendre, en voit d'autres moins importants dont il retient toujours quelque chose. Cela serait vrai si tous les enfants prenaient réellement la peine de faire cette recherche; mais c'est malheureusement le plus petit nombre. Rien n'empêche d'ailleurs, lorsque l'élève saura notre atlas, de lui donner, pour continuer ses études géographiques, des cartes telles qu'on a l'habitude de les dresser. Notre méthode n'en exclut aucune; elle les admet toutes; seulement elle conduit à leur intelligence par un chemin facile et sûr.

Si nos cartes sont plus simples, elles sont nécessairement plus nombreuses. Ainsi, faisant une première division de tous les objets qui sont répandus sur la surface de la terre, et qu'il faut étudier et connaître, en choses qui y sont naturellement, et choses que la main des hommes y a mises, nous donnons à l'élève des cartes spéciales où elles sont soigneusement séparées. On est convenu d'appeler *géographie physique*, celle qui s'occupe de tous les objets naturels : mers, montagnes, cours d'eau, détroits, golfes, etc. ; et *géographie politique*, celle qui a pour matière toutes les choses faites ou disposées par les hommes : contrées, villes, ports de mer, etc. Dans ces deux séries, nos cartes ne présentent que les notions générales que doivent étudier d'abord les commençants.

Les cartes très-simplifiées portent les seules indications, les seuls noms qui sont nécessaires pour répondre aux questions écrites en marge. La méthode consiste à faire trouver par l'élève lui-même les réponses à ces questions. Cette recherche l'oblige à donner à la carte une attention qu'il n'a nul besoin d'avoir lorsqu'il lit dans un livre les réponses toutes faites. S'il s'applique à cette recherche, en voyant les noms, il voit les objets eux-mêmes, il voit leur forme, leur place, les rapports dans lesquels ils sont avec tout ce qui les environne. Par exemple, si le livre lui dit que la Seine est un des plus grands fleuves de la France, la carte le lui fait voir. Il peut en suivre tout le cours depuis la source jusqu'à l'embouchure, il en apprécie la direction générale, il en remarque les nombreuses sinuosités, il compte et nomme les affluents de chaque rive. L'image de la Seine se grave dans sa mémoire, et il saurait, au besoin, la reproduire sur le tableau noir. Ce travail sans doute peut s'effectuer avec toutes les cartes; mais l'élève, on a beau le lui dire, ne le fait pas. Tout l'avantage de la méthode nouvelle, c'est de le forcer à le faire.

Toutefois nous ne prétendons pas que notre Atlas soit toute la géographie, et que l'étude qui en est faite consciencieusement puisse suffire. L'élève n'apprend avec nos cartes que la partie matérielle. C'est au professeur habile à ajouter les développements qui intéressent, qui amusent les élèves en les instruisant : curiosités naturelles et phénomènes physiques, richesse du sol, puissance de l'industrie, caractère et mœurs des hommes, premières notions historiques, etc. Pour l'observateur intelligent, ces connaissances si multiples et si variées découlent pour la plupart et presque nécessairement des faits matériels que notre Atlas fait connaître. C'est au maître à les en faire sortir : ainsi la latitude d'un pays, l'exposition du terrain, la disposition des montagnes, le voisinage ou l'éloignement des mers, et plus que tout peut-être, la constitution géologique du sol, qu'on devra étudier plus tard avec soin, déterminent le climat, et par suite la richesse agricole, la spécialité industrielle des habitants, et aussi les traits les plus saillants du caractère national. Les plus grands événements mêmes de leur histoire en sont comme des conséquences. C'est par ces observations et ces inductions présentées avec art qu'un bon maître fera comprendre à ses élèves l'importance du travail auquel ils se sont livrés en étudiant notre Atlas, travail qui d'ailleurs ne les a pas ennuyés, car on aime ces recherches qui piquent la curiosité, et dont on a bientôt pris l'habitude. Si ce maître sait y ajouter les récits intéressants, les notions utiles et variées que nous venons d'indiquer, s'il sait surtout les mettre à la portée du jeune âge, l'étude de la géographie n'est plus une fatigue; elle devient un plaisir, et elle contribue plus qu'aucune autre au développement de l'intelligence.

Notre Atlas A, composé seulement de seize cartes, est suffisant pour les élèves qui commencent l'étude de la géographie; il ne contient que les notions les plus générales des cinq parties du monde. Cependant la France, notre patrie, a dû être donnée avec plus de détails; elle est présentée sous ses trois principaux aspects : la France physique, avec ses montagnes, ses bassins de fleuve et ses nombreux cours d'eau; la France politique ou administrative, divisée en départements, avec les chefs-lieux de préfecture et de sous-préfecture; et la France historique, offrant l'ancienne division par provinces, avec les lieux que de grands événements ont rendus célèbres : conciles, batailles, traités de paix. Quant à la géographie ancienne, nous nous sommes contentés de donner deux cartes : premièrement, celle qui est nécessaire pour l'étude de l'histoire sainte; car cette étude, qu'on commence très-jeune, a une telle importance qu'il nous a paru indispensable de joindre à notre Atlas élémentaire la carte des pays où se sont passés les faits racontés dans la Bible; secondement, la carte du monde connu des anciens. Celle-ci est divisée en cinq parties : une carte générale au centre; et de chaque côté, sur une plus grande échelle, la Gaule et l'Espagne, l'Italie, la Grèce, l'Asie Mineure. Le questionnaire est au bas de la carte générale, et nous l'avons fait suivre d'un petit vocabulaire des noms anciens avec les noms modernes en regard. Il ne faut pas oublier que les réponses aux questions doivent être cherchées sur les cinq parties de cette carte.

L'accueil favorable qu'a reçu cet essai d'une méthode toute nouvelle nous a engagés à publier un Atlas B plus complet et qui contient les notions que l'élève plus avancé dans ses études a besoin de connaître. Nous y ajoutons une quatrième carte de France où se trouvent tracées les grandes lignes de communication, chemins de fer et canaux; une carte de l'Algérie, cette belle colonie dont nos armes et notre industrie achèvent la conquête; une carte des Antilles, où sont nos principales colonies d'Amérique; et les cartes à la fois physiques et politiques de l'Angleterre; de la Belgique et de la Hollande; de la Suède et Norwége et du Danemark; de la Russie d'Europe; de l'Europe centrale, comprenant le royaume de Prusse, l'empire d'Autriche et la Confédération germanique; de la Suisse; de l'Espagne et du Portugal; de l'Italie; de l'empire Ottoman en Europe et en Asie et de la Grèce.

Quelques mots maintenant sur la manière dont nos cartes sont dressées. La position absolue des lieux sur la surface du globe terrestre, que nous n'avons pas donnée dans la *petite Géographie des écoles* parce qu'elle ne nous paraissait pas utile, est indiquée dans cet Atlas élémentaire destiné aux écoles secondaires. Outre les degrés de latitude et de longitude qui sont sur toutes les cartes, nous avons soigneusement marqué les degrés entre lesquels les pays qui font l'objet de chaque carte sont compris : ainsi sur la carte d'Europe par exemple, outre les degrés tracés de cinq en cinq, on trouve le 27e de longitude ouest et le 62e de longitude est entre lesquels cette partie du monde est placée; on trouve également le 72e de latitude nord, qui avec le 35e détermine son étendue du nord au sud. Nous n'avons pas tracé les échelles que l'on voit sur les cartes ordinaires, parce que nous avons la certitude que l'élève qui commence n'en fait et n'en saurait faire aucun usage; mais nous avons eu soin de noter la longueur en myriamètres des plus grands cours d'eau et la hauteur en mètres des montagnes les plus élevées.

Nous avons adopté dans les cartes physiques une division fort importante, celle des versants et des bassins de fleuve. Admise depuis longtemps dans la science, cette division naturelle du sol n'est pas encore généralement enseignée dans les classes élémentaires. Cependant cette connaissance est des plus utiles; car elle donne la raison d'une foule de faits qui seraient inexplicables sans elle. Les différentes inclinaisons des terrains déterminent la direction que prennent les cours d'eau. Un fleuve reçoit par ses deux rives un certain nombre de rivières et de ruisseaux, et il porte toutes ces eaux à la mer. Ces cours d'eau tributaires du fleuve et le fleuve lui-même ont leurs sources dans les parties du sol qui sont le plus élevées. Ce sont des chaînes de montagnes, des collines, des coteaux, qui forment comme la ceinture d'une étendue de terrain plus ou moins considérable à laquelle on donne le nom de *bassin de fleuve*. Le sol de la France, par exemple, est divisé par la nature en autant de bassins qu'elle a de fleuves : et, parmi ces bassins, les uns, comme ceux de la Seine, de la Loire, de la Garonne, du Rhône, sont plus vastes et sont dits *bassins principaux;* les autres, beaucoup moins étendus, tels que ceux de la Somme, de la Charente, de l'Adour, etc., sont appelés *bassins secondaires*. Ces divisions physiques doivent être étudiées avec soin, si l'on veut bien connaître les divers avantages que présente le sol sous le rapport de la culture et de la fertilité des terres. L'agriculteur a surtout besoin d'étudier sous ce point de vue la géographie physique du pays qu'il exploite. C'est ce qui nous a déterminés à adopter ce système, qui repose sur des conditions naturelles indépendantes de la volonté de l'homme.

Les deux grands versants de l'Europe et la ligne de partage des eaux, les quatre versants et le plateau central de l'Asie, les versants principaux et les grands bassins de fleuve de l'Amérique et de l'Afrique ont été déterminés avec soin ; et ces importantes notions, apprises dès le début, seront d'un grand secours aux élèves, qui auront plus tard besoin d'entrer plus avant dans la science géographique.

La disposition des couleurs a été l'objet d'une attention sérieuse : les teintes plates, mais très-peu intenses, nous ont paru préférables aux simples filets dont généralement on marque les divisions. Les teintes plates déterminent d'une manière plus nette et plus facile à saisir et à retenir l'étendue et la forme, soit des versants et des bassins, soit des contrées. Elles permettent en outre d'indiquer les subdivisions avec un filet de la même couleur que la teinte plate. Cependant, pour quelques cartes, pour la partie méridionale de l'Asie, l'Amérique et l'Océanie, nous avons réservé les teintes plates aux territoires occupés par les indigènes ; et de simples lisérés de la couleur conventionnelle marquent les possessions des nations européennes. La plupart de ces possessions ont reçu, outre la couleur conventionnelle, l'indication en toutes lettres. Ainsi au-dessous de l'île de Cuba, on lit *à l'Espagne;* au-dessous de la Jamaïque, on lit *à l'Angleterre*. Mais lorsque la place a manqué, nous avons seulement mis la lettre initiale de la métropole. Sans doute cette recherche est délicate ; mais quand l'habitude de se servir de nos cartes sera prise, la difficulté cessera. Les cartes pour lesquelles ce travail est nécessaire ne sont pas les premières, l'élève a eu le temps de se familiariser avec la méthode. Le maître, d'ailleurs, avec quelques mots d'explication, lèvera facilement la difficulté.

Chaque carte contient la matière de plusieurs leçons. C'est au maître à diviser les questions qui sont aux marges, selon l'intelligence des élèves, et selon le temps qu'ils doivent consacrer à ce travail. D'abord trois ou quatre questions pourront suffire ; le nombre devra varier avec les progrès de l'élève. L'essentiel est de ne pas quitter une carte avant qu'elle soit parfaitement sue. Un exercice utile, et qui peut servir de résumé, consiste à faire tracer de souvenir, d'abord sur le tableau noir, ensuite sur le papier, des copies des cartes entières ou des portions de cartes qu'on sait bien. On peut faire ces copies avec soin, et ce travail sera en même temps une excellente étude de dessin et de lavis. M. Le Béalle, mon élève, qui a bien voulu me donner son concours dans l'exécution de cette géographie élémentaire, et qui est auteur d'une excellente méthode de dessin linéaire adoptée dans un grand nombre d'établissements d'instruction primaire et secondaire, a fait aussi un petit traité du tracé des cartes géographiques. Ce traité peut se joindre à notre Atlas, et faciliter l'exercice que nous recommandons et qui fixe d'une manière durable les connaissances géographiques, en même temps qu'il contribue à rendre intéressante et récréative l'étude de cette science.

Mais il est un travail qui doit tout précéder, car sans ce premier travail les cartes seraient inintelligibles. Il faut que les élèves apprennent par cœur et sachent parfaitement les notions préliminaires qui suivent cette Introduction. Nous avons dû les abréger le plus possible : plus détaillées, elles fatigueraient la mémoire sans nécessité. Un grand nombre n'ont pas besoin de développements ; elles ne sont que les définitions des mots techniques employés en géographie. A chacune de ces définitions, l'élève devra chercher un exemple des choses définies sur les cartes, et principalement sur la mappemonde. Quelques-unes de ces notions ne peuvent être comprises, et par conséquent retenues, qu'après que le maître aura donné les explications nécessaires, et qui gagnent toujours à être dites de vive voix. Nous devons nous restreindre, et nous n'avons pas la prétention de faire un livre.

Th. LEBRUN.

NOTIONS PRÉLIMINAIRES.

1. Une *planète* est un corps opaque qui tourne autour d'un globe lumineux appelé *soleil*.

2. La terre est une planète. Elle a la forme d'une sphère un peu aplatie ; elle est placée dans l'espace à environ 15,289,000 myriamètres du soleil.

3. La circonférence de la terre est de 40,000,000 de mètres ; sa surface est de 5,098,857 myriamètres carrés ; son volume, de 1,082,634,000 myriamètres cubes.

4. Le soleil est près de quatorze cent mille fois plus gros que la terre.

5. Le soleil ne tourne pas autour de la terre quoiqu'il paraisse avoir ce mouvement. La terre a deux mouvements quoique nous la sentions immobile. Elle exécute l'un de ces mouvements autour du soleil en 365 jours 5 heures 48 minutes 49 secondes, espace de temps que nous nommons une année. Ce mouvement est appelé *révolution*, et l'on nomme *écliptique* le plan dans lequel cette révolution s'accomplit.

La terre exécute l'autre mouvement sur elle-même en un jour, espace de temps que nous partageons en vingt-quatre heures égales. Ce second mouvement s'appelle *rotation*.

6. La terre tourne sur elle-même comme si elle était traversée par un *axe*. Les deux points du globe par où sortirait cet axe se nomment les *pôles*. On désigne l'un par les noms de *pôle boréal* ou *arctique*, et l'autre par ceux de *pôle austral* ou *antarctique*.

7. L'axe de la terre est incliné sur le plan de l'écliptique, et il conserve toujours la même direction pendant tout le temps de la révolution annuelle.

8. La rotation terrestre produit le phénomène du jour et de la nuit.

9. L'inclinaison et la direction constante de l'axe vers le même point du ciel produisent le phénomène des saisons, ainsi que l'inégalité des jours et des nuits.

10. Si l'on regarde le soleil lorsqu'il se lève, on a devant soi le *levant*, qu'on nomme aussi *Est* ou *Orient*. Le côté qui est diamétralement opposé est le *couchant*, nommé aussi *Ouest* ou *Occident*. Si l'on se place de manière à avoir l'Est à sa droite, on a le *Nord* ou *Septentrion* devant soi, et le *Sud* ou *Midi* derrière soi. Ces quatre directions principales, *Est*, *Ouest*, *Nord*, *Sud*, sont appelées les *quatre points cardinaux*. Les quatre directions intermédiaires reçoivent les noms de *Nord-Est*, *Nord-Ouest*, *Sud-Est*, *Sud-Ouest*. On indique souvent encore d'autres directions intermédiaires à celles-ci, et la réunion de toutes forme ce qu'on est convenu d'appeler la *rose des vents*.

11. Un grand cercle dont tous les points sont à égale distance des deux pôles, et qui, par conséquent partage la sphère terrestre en deux parties égales ou *hémisphères*, prend le nom d'*Équateur*. On lui donne aussi le nom de *Ligne Équinoxiale* parce qu'à deux époques de l'année, lorsque les rayons du soleil tombent perpendiculairement à cette ligne, les jours sont égaux aux nuits pour toute la terre.

L'Équateur forme avec le plan de l'Écliptique un angle de vingt-trois degrés et demi (23° 30′).

12. L'hémisphère au Nord de l'équateur est appelé *hémisphère boréal* ; celui qui est au Sud, est nommé *hémisphère austral*.

13. Les deux *tropiques* sont des cercles parallèles à l'Équateur. Ils limitent la partie de la terre à laquelle les rayons solaires sont successivement perpendiculaires ; au delà, ils ne le sont jamais. Celui de l'hémisphère boréal reçoit le nom de *tropique du Cancer* ; celui de l'hémisphère austral se nomme *tropique du Capricorne*.

Lorsque les rayons du soleil sont perpendiculaires au tropique du Cancer, l'hémisphère boréal a l'été et les plus longs jours ; l'hémisphère austral est en hiver et a les jours les plus courts. Le contraire arrive lorsque, six mois après, les rayons du soleil sont perpendiculaires au tropique du Capricorne.

14. Les deux *cercles polaires* sont parallèles à l'équateur et aux tropiques, et ils sont à la même distance des pôles que les tropiques le sont de l'équateur. Ils marquent le point du globe où la lumière s'arrête lorsque les rayons du soleil sont perpendiculaires à l'un des tropiques. Chaque cercle polaire prend le nom du pôle placé à son centre.

15. Outre ces cinq principaux cercles de la sphère terrestre dont nous ne pouvons ni changer la place ni augmenter ou diminuer le nombre, les hommes ont supposé que la surface du globe était divisée au moyen d'autres lignes appelées *latitudes* et *longitudes*.

16. Les *latitudes* sont des cercles parallèles à l'équateur et qu'on nomme souvent des *parallèles*. On a divisé l'espace compris entre l'équateur et chacun des pôles en quatre-vingt-dix parties appelées degrés. Le 0 latitude est à l'équateur et le 90e est au pôle de chaque hémisphère.

17. Les *longitudes* sont des lignes qui vont d'un pôle à l'autre en coupant l'équateur et les parallèles à angle droit. On les nomme aussi *méridiens* parce que, lorsque le soleil est sur une de ces lignes, il est midi pour tous les pays où elle passe. On a divisé l'équateur en 360 parties nommées degrés. Un de ces degrés est choisi comme point de départ de leur numération. En France, le méridien 0 passe à l'observatoire de Paris ; 180 degrés sont à l'Est, et 180 à l'Ouest de ce méridien.

18. L'équateur faisant avec l'écliptique un angle de 23° 30′, les tropiques sont à 23° 30′ de l'équateur : et les cercles polaires à 23° 30′ des pôles.

19. Les deux tropiques et les deux cercles polaires divisent la surface de la terre en cinq *zones* : la *zone torride* ou *brûlée* entre les deux tropiques, l'équateur est au milieu ; cette zone a 47° de largeur ; la zone *tempérée boréale* entre le tropique du Cancer et le cercle polaire arctique ; la zone *tempérée australe* entre le tropique du Capricorne et le cercle polaire antarctique ; chacune des deux zones tempérées a 43° de largeur. Enfin les deux zones glaciales circonscrites par les cercles polaires, et ayant au centre l'un des pôles ; on compte 23° 30′ du cercle polaire au pôle.

20. Les principales causes qui modifient le climat des pays sont au nombre de cinq : 1° la latitude ; 2° l'exposition ; 3° l'abri des montagnes ; 4° l'élévation du sol dans l'atmosphère ; 5° le voisinage des mers.

La latitude d'un lieu fait connaître la distance de ce lieu à l'équateur ; plus il en est rapproché, plus la température est élevée ; plus il s'en éloigne, et plus elle s'abaisse.

Selon que le sol incline ou est exposé devant une des directions indiquées par la rose des vents, le climat est différent même à une latitude égale. L'exposition au nord est une cause de froid, et l'exposition au sud, une cause de chaleur pour l'hémisphère boréal ; c'est le contraire pour l'hémisphère austral.

Les chaînes de montagnes sont des abris naturels, qui garantissent les plaines des vents froids venus des pôles, ou des vents trop chauds venus de l'équateur. Elles ont une grande influence sur la température.

Plus on s'élève dans l'atmosphère, et plus le froid est intense. Le sommet des plus hautes montagnes, même sous l'équateur, est couvert de neige et de glaces perpétuelles.

Le voisinage des mers est une cause de brumes humides et de vents frais.

21. Plus des deux tiers de la surface de la terre sont couverts par les eaux. Un tiers à peine est à sec, et peut être habité et cultivé par l'homme.

22. On nomme *océan* une grande étendue d'eau salée ; *mer*, une étendue moins considérable ; *mer intérieure*, une mer renfermée dans l'intérieur des terres ; *lac*, une plus petite étendue d'eau douce et stagnante.

23. Un *continent* est une grande étendue de terre qu'on peut parcourir sans traverser les mers. Une *île* est une plus petite étendue de terre entourée d'eau de tous côtés. On donne le nom d'*archipel* à la réunion de plusieurs îles voisines les unes des autres. La *presqu'île* est une étendue de terre entourée d'eau de trois côtés, et rattachée au continent par un seul. Si ce quatrième côté est très-étroit, on le nomme un *isthme*. Le *désert* est une plaine aride, sablonneuse, et privée d'eau. On appelle *steppes*, en Asie, des plaines sablonneuses, privées d'arbres; *savanes*, dans l'Amérique, des plaines basses, humides, couvertes d'herbes élevées; et *pampas*, de vastes plaines remplies de broussailles et de forêts.

24. On donne le nom de *golfe* ou *baie* à une portion de mer qui s'avance dans les terres. Un *port* est une petite baie dans laquelle les hommes ont construit des jetées, des bassins et des quais, et où les navires sont à l'abri des attaques des vents et de la mer.

On appelle *détroit*, *pas* ou *canal* une portion de mer resserrée entre deux terres.

Un *cap* ou *promontoire* est une pointe de terre qui s'avance dans la mer.

25. Le sol est plus ou moins élevé dans l'atmosphère au-dessus du niveau des mers. Les parties les moins élevées reçoivent les noms de *vallée*, *vallon*, *plaine*, selon leur étendue. A mesure que le sol s'élève, il reçoit les noms de *coteau*, *colline*, *montagne*.

Une seule montagne isolée reçoit souvent le nom de *pic*. Plusieurs montagnes réunies à leur base forment ce qu'on appelle une *chaîne de montagnes*.

On donne le nom de *plateau* à une plaine élevée et plus ou moins étendue. On y rencontre parfois quelques sommets disséminés.

Un *volcan* est une montagne qui lance des matières embrasées, des cendres et des laves par des ouvertures qu'on nomme *cratères*.

26. On appelle *ligne de partage des eaux* une suite de montagnes, de collines et de coteaux qui établissent la séparation des cours d'eau pris à leurs sources.

27. On nomme *versant* une pente de terrain qui détermine la direction des cours d'eau. Une chaîne de montagnes formant ligne de partage, présente toujours deux versants principaux.

28. Un *fleuve* est un cours d'eau qui se jette dans la mer. Une *rivière* est un cours d'eau qui se jette dans un autre cours d'eau. On appelle *affluent* d'un cours d'eau tout autre cours d'eau qui vient s'y réunir, et *confluent*, l'endroit où se fait cette jonction.

29. On donne le nom de *source* au point où un cours d'eau prend naissance; celui d'*embouchure* à l'endroit où un fleuve se jette dans la mer. La *rive droite* est la rive qu'on a à sa droite lorsqu'on regarde le courant et qu'on tourne le dos à la source. La *rive gauche* est la rive opposée.

30. Un *bassin de fleuve* est l'étendue de terrain dont toutes les eaux coulent dans ce fleuve, qui les porte à la mer. On appelle *bassin principal* le bassin d'un grand fleuve; les petits fleuves qui se perdent dans la même mer forment les *bassins secondaires*.

31. On donne généralement le nom de *contrée* à une étendue de terrain habitée par un peuple soumis au même gouvernement. Les subdivisions des contrées reçoivent différents noms : on les appelle *comtés* en Angleterre, *provinces* en Hollande, en Belgique, en Portugal, etc., *gouvernements* en Russie, *cantons* en Suisse, *États* en Amérique.

32. En France on leur donne le nom de *départements;* avant 1790, on les appelait *provinces*.

Le Questionnaire sur ces notions préliminaires est placé au bas de la carte de la Mappemonde.

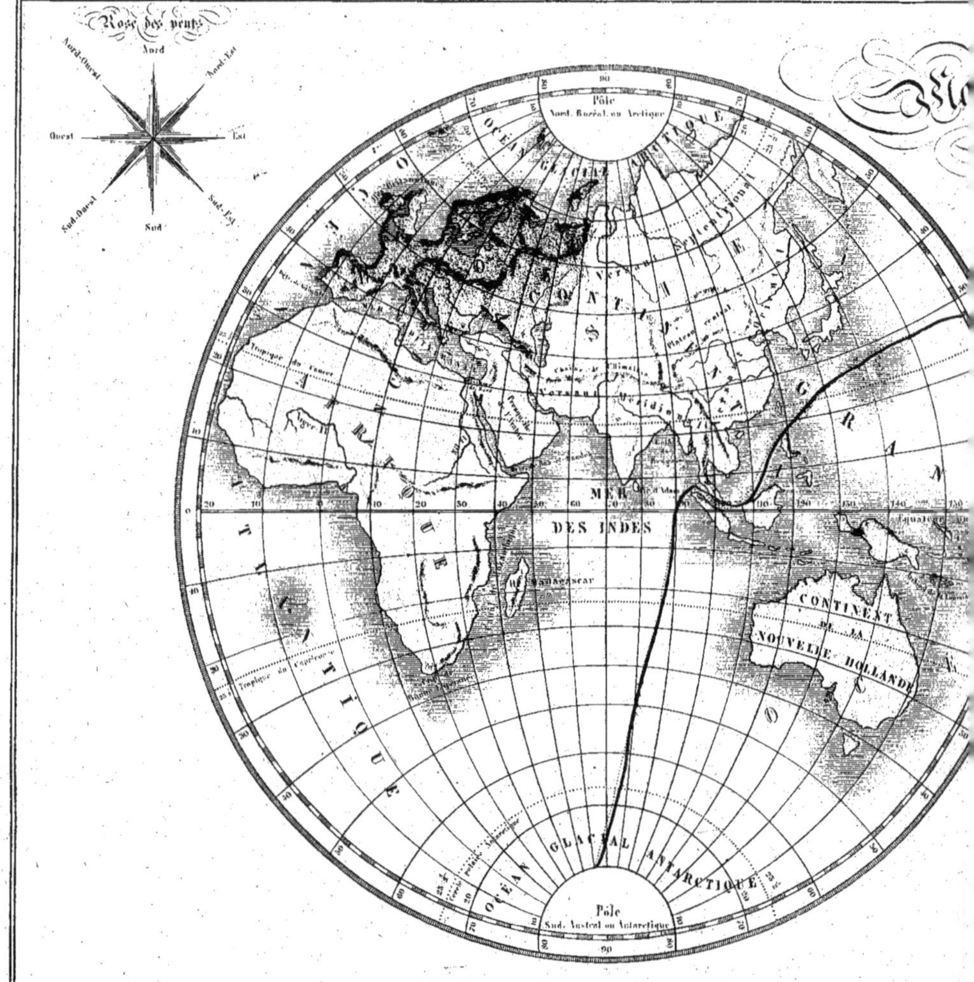

1. Qu'est-ce qu'une planète?

2. La terre est-elle une planète? – Quelle est sa forme? – A quelle distance est-elle du soleil?

3. Quelle est, en mètres, la circonférence de la terre; quelle est sa surface en Myriam carrés; quel est son volume en Myriam cubes?

4. De combien de fois le soleil est-il plus gros que la terre?

5. Quels sont les 2 mouvements de la terre? – En combien de temps les exécute-t-elle?

6. Qu'est-ce que l'axe de la terre? qu'appelle-t-on les pôles; et par quels noms les désigne-t-on?

7. Comment l'axe est-il placé dans l'espace par rapport au soleil?

8. Quel phénomene est produit par la rotation terrestre?

9. Quelles sont les 2 causes qui déterminent les saisons et l'inégalité des jours et des nuits?

10. Quels sont les quatre points cardinaux, et les quatre directions intermédiaires?

11. Qu'est-ce-que l'Équateur, et quel autre nom lui donne-t-on? Expliquez ces noms?

12. Par quels noms désigne-t-on les 2 hémisphères terrestres?

13. Qu'est-ce que les tropiques; comment leur position est-elle déterminée; quels noms leur donne-t-on; et quel role jouent-ils dans la distribution des saisons?

14. Qu'est-ce que les cercles polaires; quel phénomène détermine la place qu'ils occupent; par quels noms les désigne-t-on?

15. Outre ces cinq grands cercles principaux, quelles autres lignes les hommes ont-ils imaginé sur le globe po[ur] étudier plus facilement la surface?

16. Qu'est-ce que les parallèles ou latitudes; et com[bien] en a-t-on tracé de l'Équateur à chacun des pôles?

17. Qu'est-ce que les méridiens ou longitudes; où pla[çons-] nous le premier méridien; combien en a-t-on tra[cé à] l'orient, combien à l'occident de ce premier mérid[ien?]

18. A quelle distance en degrés les tropiques sont-[ils de] l'Equateur; et les cercles polaires, des pôles?

19. En combien de zônes les deux tropiques et les cercles polaires partagent-ils la surface du globe; qu[elles] sont-elles?

20. Quelles sont les 5 principales causes qui modifient le[s ...]

21. Quelle portion de la surface de la terre est couve[rte par] les eaux? – Quelle portion est à sec?

Th. Lebrun et A. Le Bealle

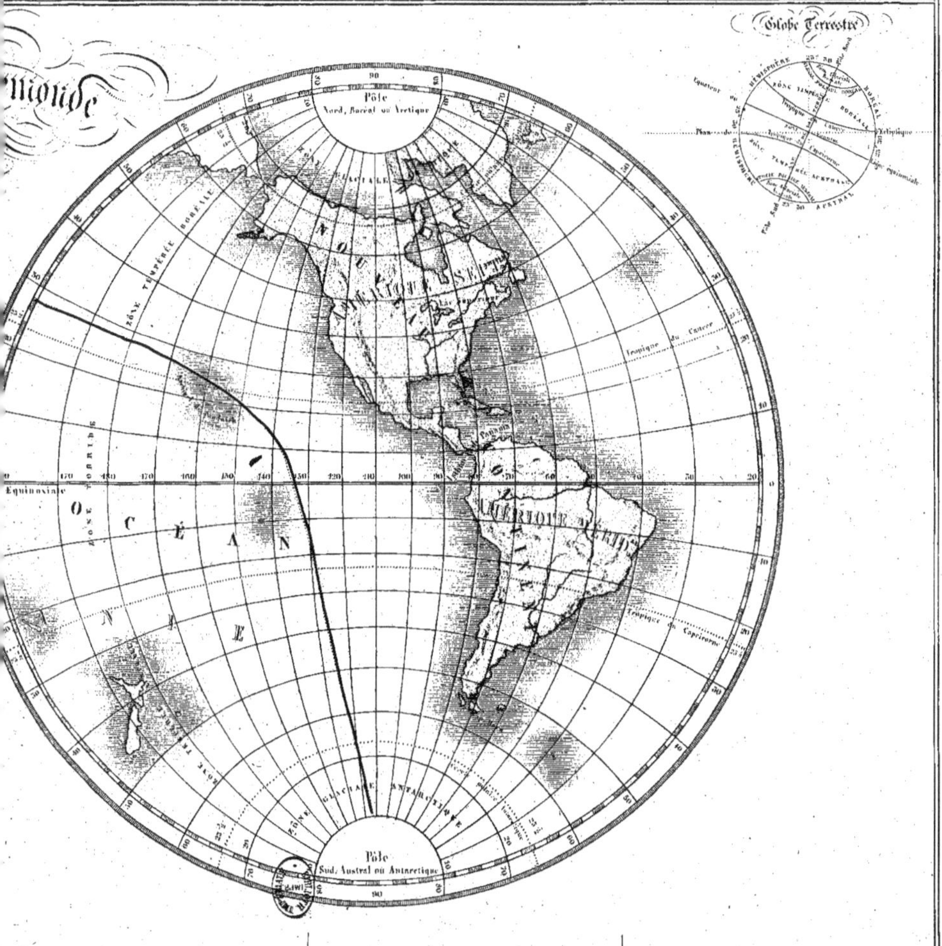

22. Qu'appelle-t-on océan, mer, mer intérieure, lac?

23. Qu'appelle-t-on continent, île, archipel, presqu'île, isthme? désert, steppe, savane, pampas?

24. Qu'est-ce qu'un golfe ou baie, un détroit ou canal, un cap ou promontoire? — Qu'appelle-t-on un port de mer?

25. Quels sont les 4 océans, et les 3 continents?

26. En combien de parties du monde la terre est-elle divisée; quelles sont-elles, et dans quels continents sont-elles placées?

27. Quels océans baignent l'ancien continent, au Nord, à l'Ouest et à l'Est? — Quelle mer baigne l'Asie au Sud et l'Afrique à l'Est? Quelle mer intérieure baigne l'Europe au Sud et l'Afrique au Nord?

28. Quels océans baignent le nouveau continent au Nord, à l'Ouest et à l'Est?

29. Dans quel océan est placé le continent de la Nouvelle Hollande?

30. Citez des îles à l'Ouest de l'Europe, une grande île à l'Est de l'Afrique, un archipel dans l'Océanie?

31. Citez une presqu'île en Asie, et deux isthmes, l'un dans l'ancien continent, l'autre dans le nouveau?

32. Citez deux détroits et un canal dans l'ancien continent, et dites quelles terres ils séparent.

33. Citez deux caps, l'un dans l'ancien continent, l'autre dans le nouveau?

34. Qu'appelle-t-on une montagne, un pic, une chaîne de montagnes, une colline, un plateau, une vallée ou vallon, un volcan, un cratère?

35. Qu'appelle-t-on une ligne de partage des eaux?

36. Qu'est ce qu'un versant?

37. Qu'est-ce qu'un fleuve, une rivière, un affluent?

38. Qu'est-ce que la source, l'embouchure, le confluent, la rive droite et la rive gauche d'un cours d'eau?

39 Qu'appelle-t-on un bassin de fleuve, et comment est formée la ceinture d'un bassin de fleuve? — Qu'appelle-t-on bassin principal et bassin secondaire?

40 Citez une chaîne de montagnes, un versant, un plateau dans l'Asie, un pic dans une île de l'Asie, un fleuve dans l'Afrique, un lac dans l'Amérique septentrionale.

41 Qu'est-ce qu'une contrée, et quels sont les divers noms qu'on donne aux subdivisions des autres contrées?

42 Comment les appelle-t-on en France, et quel nom leur donnait-on avant 1790?

Paris, J. Delalain, Editeur, Imp. T.D. Sorbonne, 1.

EUROPE PHYSIQUE.

1. Entre quels degrés de latitude Nord, et quels degrés de longitude Est et de longitude Ouest l'Europe est-elle située?
2. Quelles sont les bornes de l'Europe?
3. Quelles sont les 2 mers formées par l'Océan glacial arctique?
4. Quelles sont les 4 mers formées par l'Océan Atlantique?
5. Quelles sont les 5 mers formées par la Méditerranée ou communiquant avec cette mer?
6. Quels sont les 13 principaux golfes, et par quelles mers sont-ils formés?
7. Quels sont les 11 principaux caps, et dans quelles mers s'avancent-ils?
8. Quels sont les 16 détroits, et quelles mers font-ils communiquer?
9. Quelles sont les 3 principales îles et le groupe d'îles dans l'Océan glacial arctique?
10. Quelles sont les 12 principales îles de la mer Baltique?
11. Quelles sont les îles situées dans l'Océan Atlantique: 3 grandes, 7 petites et 5 groupes?
12. Quelles sont les 2 îles de la mer d'Irlande, et les 4 îles de la Manche?
13. Quelles sont les 3 principales îles de la mer du Nord?
14. Quelles sont les principales îles de la Méditerranée: 3 grandes, 3 petites et 3 groupes?
15. Quelles sont les 5 îles Baléares et les cinq principales des Ioniennes?
16. Quelles sont les principales îles de l'Archipel: 2 grandes, 2 petites et 1 groupe?
17. Quelles sont les 6 presqu'îles; entre quelles mers sont-elles situées, et quels sont les deux isthmes?
18. Quels sont les 2 grands Versants de l'Europe; d'où part la ligne de partage au Nord, quels sont les différents noms qu'elle reçoit, et où finit-elle au Sud?
19. Quelle chaîne de montagnes parcourt la presqu'île Scandinave, et par quelle chaîne de montagnes se rattache-t-elle à la ligne de partage?
20. Quelles sont les 10 autres chaînes de montagnes qui se rattachent à cette ligne de partage dans le versant Nord-Ouest?
21. Quelles sont les 2 principales chaînes en Ecosse?
22. Quelle chaîne, dans le versant Sud-Est, part des Alpes et parcourt toute la presqu'île italique?
23. Quelle autre chaîne, dans le versant Sud-Est, part de la ligne de partage, reçoit trois noms différents jusqu'au détroit de Constantinople; et quelle autre chaîne se prolonge au Sud, jusque dans la presqu'île de Morée?

Th. Lebrun & A. Le Béalle.

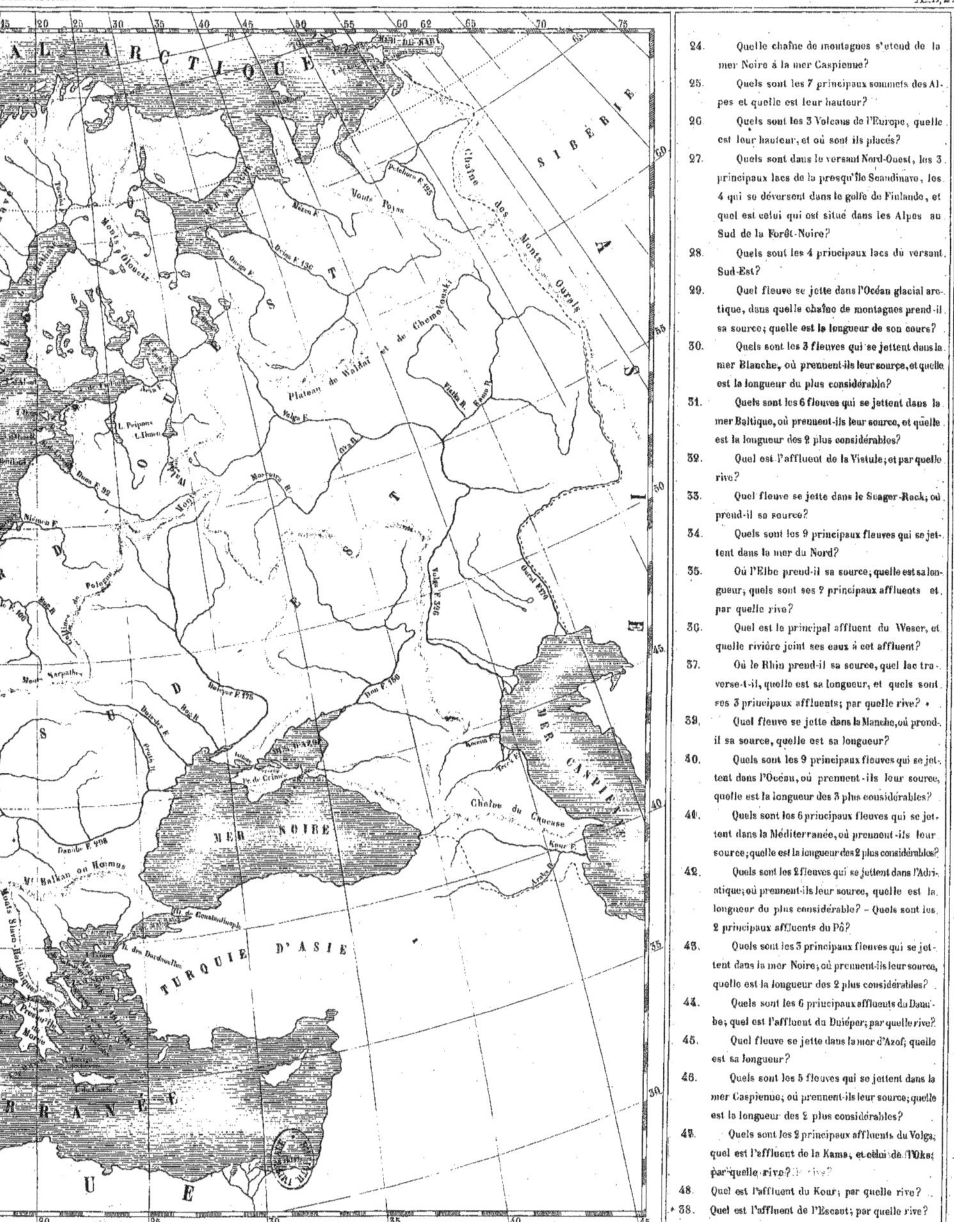

24. Quelle chaîne de montagnes s'étend de la mer Noire à la mer Caspienne?

25. Quels sont les 7 principaux sommets des Alpes et quelle est leur hauteur?

26. Quels sont les 3 Volcans de l'Europe, quelle est leur hauteur, et où sont ils placés?

27. Quels sont dans le versant Nord-Ouest, les 3 principaux lacs de la presqu'île Scandinave, les 4 qui se déversent dans le golfe de Finlande, et quel est celui qui est situé dans les Alpes au Sud de la Forêt-Noire?

28. Quels sont les 4 principaux lacs du versant Sud-Est?

29. Quel fleuve se jette dans l'Océan glacial arctique, dans quelle chaîne de montagnes prend-il sa source; quelle est la longueur de son cours?

30. Quels sont les 3 fleuves qui se jettent dans la mer Blanche, où prennent-ils leur source, et quelle est la longueur du plus considérable?

31. Quels sont les 6 fleuves qui se jettent dans la mer Baltique, où prennent-ils leur source, et quelle est la longueur des 2 plus considérables?

32. Quel est l'affluent de la Vistule; et par quelle rive?

33. Quel fleuve se jette dans le Scager-Rack; où prend-il sa source?

34. Quels sont les 9 principaux fleuves qui se jettent dans la mer du Nord?

35. Où l'Elbe prend-il sa source; quelle est sa longueur; quels sont ses 2 principaux affluents et par quelle rive?

36. Quel est le principal affluent du Weser, et quelle rivière joint ses eaux à cet affluent?

37. Où le Rhin prend-il sa source, quel lac traverse-t-il, quelle est sa longueur, et quels sont ses 3 principaux affluents; par quelle rive?

39. Quel fleuve se jette dans la Manche, où prend-il sa source, quelle est sa longueur?

40. Quels sont les 9 principaux fleuves qui se jettent dans l'Océan, où prennent-ils leur source, quelle est la longueur des 3 plus considérables?

41. Quels sont les 6 principaux fleuves qui se jettent dans la Méditerranée, où prennent-ils leur source; quelle est la longueur des 2 plus considérables?

42. Quels sont les 2 fleuves qui se jettent dans l'Adriatique; où prennent-ils leur source, quelle est la longueur du plus considérable? – Quels sont les 2 principaux affluents du Pô?

43. Quels sont les 3 principaux fleuves qui se jettent dans la mer Noire; où prennent-ils leur source, quelle est la longueur des 2 plus considérables?

44. Quels sont les 6 principaux affluents du Danube; quel est l'affluent du Dniéper; par quelle rive?

45. Quel fleuve se jette dans la mer d'Azof; quelle est sa longueur?

46. Quels sont les 5 fleuves qui se jettent dans la mer Caspienne; où prennent-ils leur source; quelle est la longueur des 2 plus considérables?

47. Quels sont les 2 principaux affluents du Volga; quel est l'affluent de la Kama, et celui de l'Oka; par quelle rive?

48. Quel est l'affluent du Kour; par quelle rive?

38. Quel est l'affluent de l'Escaut; par quelle rive?

Paris, J. Delalain Editeur Imp. T.D. Sorbonne, 1.

EUROPE POLITIQUE

1. Quelles sont les 4 contrées au Nord de l'Europe?
2. Quelles sont les 2 plus grandes îles du royaume britannique; et par quelles mers sont-elles baignées?
3. Quels sont les 2 pays de l'île de la Grande Bretagne; quelles en sont les capitales et les 9 villes principales?
4. Quelle est la capitale de l'Irlande, et quelles sont les 3 villes principales?
5. Quels sont les 4 groupes d'îles dans l'Océan, les 2 îles dans la mer d'Irlande, les 4 îles dans la Manche, l'île dans la mer du Nord et l'île dans la Méditerranée qui appartiennent à l'Angleterre?
6. Quel est le groupe d'îles dans la méditerranée qui est sous la protection de l'Angleterre?
7. Quelle est la presqu'île, et quelles sont les 6 îles et le groupe d'îles qui composent le royaume de Danemarck? – Par quelles mers et quels détroits sont-elles baignées?
8. Quelle est la capitale du Danemark, et dans quelle île est-elle située? – Quelles sont les 5 villes principales; et où sont-elles situées?
9. Quelles sont les bornes des roy^{es} de Suède et de Norwége?
10. Quelle est la capitale de la Suède; et quelles sont les 4 villes principales?
11. Quelle est la capitale de la Norwége; et quelles sont les 2 villes principales?
12. Quelles sont les 2 îles dans la Baltique, et quel est le groupe d'îles dans l'Océan glacial qui appartiennent à la Suède?
13. Quelles sont les bornes de l'empire de Russie?
14. Quelle est la capitale de la Russie, sur quel fleuve et au fond de quel golfe est-elle située? – Quelles sont les 24 villes les plus importantes; où sont-elles situées? – Quelles sont les 5 îles dans la Baltique appartenant à la Russie?
15. Quelle est la capitale de l'ancienne Pologne, et quelle est la ville principale? – Sur quel fleuve sont-elles situées?
16. Quelles sont les 7 contrées au centre de l'Europe?
17. Quelles sont les bornes de l'Empire Français? – Quelle en est la capitale; quelles sont les 15 villes principales; où sont-elles situées?

Th. Lebrun & A. Le Béalle.

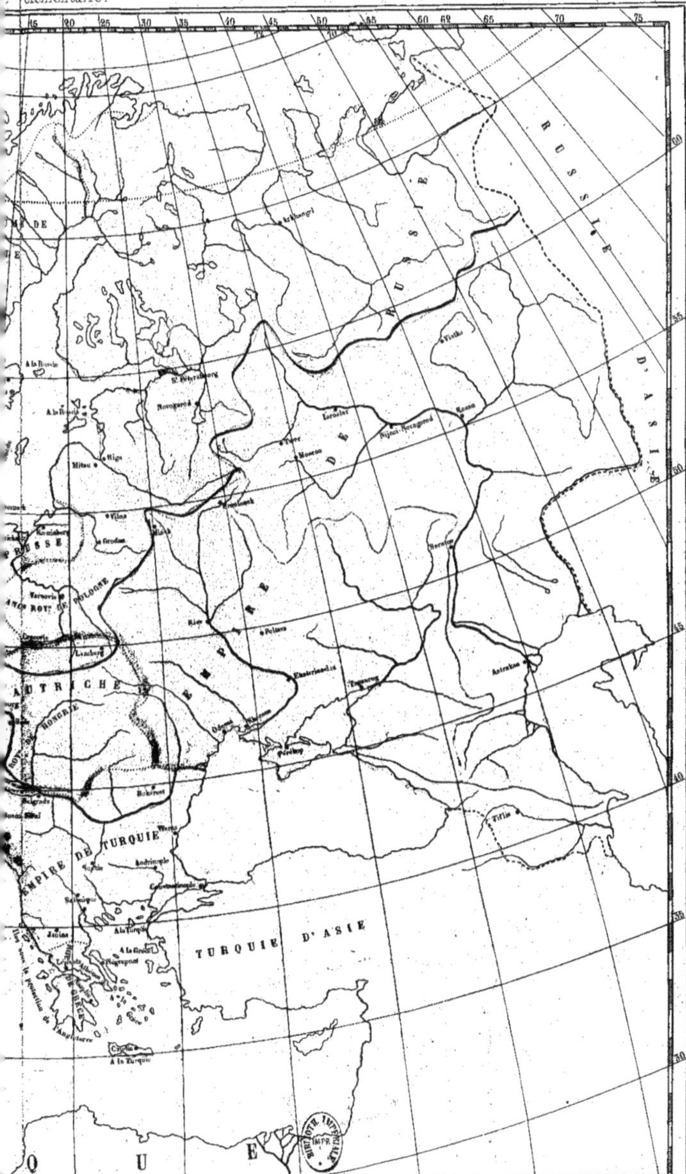

18. Quelles sont les 7 îles dans l'Océan et la grande île dans la méditerranée qui appartiennent à la France? — Quelle est la capitale de la Corse?

19. Quelles sont les 3 provinces de l'Algérie en Afrique? — Quelle est la capitale et quelles sont les 5 villes principales?

20. Quelles sont les bornes du roy.me de Belgique? — Quelle en est la capitale; sur quel affluent de l'Escaut est-elle située?

21. Quelles sont les bornes du roy.me de Hollande? — Quelle en est la capitale; sur quel golfe est-elle située?

22. Quelle est la capitale de la confédération germanique; sur quelle rivière est elle située? — Quelles sont les 7 villes principales; sur quel cours d'eau sont-elles situées?

23. Quelles sont les bornes du roy.me de Prusse; quelle en est la capitale; sur quel cours d'eau est-elle située? — Quelles sont les 4 villes principales; où sont-elles situées? — Quelles sont les 2 îles dans la Baltique appartenant à la Prusse?

24. Quelles sont les bornes de l'Empire d'Autriche? — Quelle en est la capitale; sur quel fleuve est-elle située? — Quelles sont les capitales de l'ancien roy.me de Bohême, du roy.me de Hongrie, du roy.me Lombard-Venitien; sur quels cours d'eau sont-elles situées? — Quelles sont les 4 principales villes; où sont-elles situées?

25. Quellessont les bornes de la Suisse, et les 3 villes principales?

26. Quelles sont les 5 contrées au midi de l'Europe?

27. Quelles sont les bornes du roy.me de Portugal? — Quelle en est la capitale; sur quel fleuve est-elle située? — Quelles sont les 5 villes principales?

28. Quelles sont les bornes du roy.me d'Espagne? — Quelle en est la capitale; sur quelle rivière est-elle située? — Quelles sont les 18 villes principales? (*) Quelles sont les îles qui appartiennent à l'Espagne; quelles en sont les 2 villes principales?

29. Quelles sont les bornes des Etats Italiens? — Quelle en est la ville la plus importante, sur quel fleuve est-elle située? — Quelles sont les 10 villes principales? Quelles sont les 2 grandes îles, les 2 petites îles et le groupe d'îles qui dépendent des Etats Italiens; — Quelles sont les 3 villes principales; dans quelles îles sont-elles situées?

30. Quelles sont les bornes de la Turquie d'Europe? — Quelle en est la capitale; où est-elle située? — Quelles sont les 8 villes principales? — Quelle grande île appartient a la Turquie; quelle en est la capitale? Quelles sont les 2 îles principales à la Turquie; l'une au Nord, l'autre au Sud de l'Archipel; quelle est la capitale de cette dernière?

31. Quelles sont les bornes du roy.me de Grèce? — Quelle en est la capitale; et quelles sont les 3 villes principales? Quelles sont la grande île, la petite île et le groupe d'îles qui appartiennent à la Grèce?

32. — Nommez les 16 contrées de l'Europe avec les capitales.

(*) dont une appartient à l'Angleterre.

Paris, J. Delalain, Editeur, Imp. T. D. Sorbonne, 1.

FRANCE PHYSIQUE

DIVISÉE EN BASSINS.

Nota: Les bassins secondaires ont les mêmes teintes, mais plus foncées, que les bassins principaux auxquels ils appartiennent.

1. Entre quels degrés de latitude Nord, la France est-elle située?
2. Entre quels degrés de longitude Est et de longitude Ouest la France est-elle située?
3. Par quelles mers la France est-elle bornée: au Nord-Ouest? – à l'Ouest? – au Sud?
4. Par quelles contrées la France est-elle bornée au Nord-Est? – à l'Est? – au Sud?
5. Quel détroit sépare la France de l'Angleterre?
6. Quels sont les 2 Caps qui s'avancent dans la Manche?
7. Quels sont les 4 principaux golfes de France; par quelles mers sont-ils formés?
8. Quelles sont les 3 petites îles situées sur les côtes de France, dans la mer de la Manche?
9. Quelles sont les 8 petites îles situées sur les côtes de France, et lui appartenant, dans l'Océan Atlantique?
10. Quel est la grande île et le groupe d'îles qui appartiennent à la France, dans la Méditerranée?
11. Quelles chaines de montagnes séparent la France de la Suisse? – de l'Italie? – de l'Espagne?
12. Quels sont les différents noms que porte la chaîne de montagnes qui réunit les Alpes aux Pyrénées?
13. Quels sont les 4 monts les plus élevés de la chaine des Pyrénées; quelle en est la hauteur en mètres?
14. Quels sont les 4 monts les plus élevés de la chaine des Cévennes; quelle hauteur atteignent-ils?
15. Quelle chaine de montagnes se détache des Cévennes, au mont Lozère, et s'avance au Nord-Ouest
16. Quels sont les 3 monts les plus élevés de cette chaîne; quelle hauteur atteignent-ils?
17. Quelle est l'élévation du Ballon d'Alsace?
18. Quelle chaine de montagnes s'étend au Nord du Ballon d'Alsace?
19. Quels sont, en France, les 4 monts les plus élevés de la chaine des Alpes; quelle hauteur atteignent-ils?
20. Quel est le mont le plus élevé de l'île de Corse; quelle hauteur atteint-il?
21. Quels sont, en France, les 5 principaux bassins de fleuve?
22. Où la Seine prend-elle sa source; dans quelle direction coule-t-elle; quelle en est la longueur en myriamètres; dans quelle mer se jette-t-elle?
23. Quels sont les 3 bassins secondaires du bassin de la Seine; quels sont les 13 petits fleuves qui les arrosent; quelle est la longueur du principal de ces petits fleuves?
24. Comment est formée la ceinture qui entoure ces 4 bassins?
25. Quels sont les 4 affluents de la Seine, par la rive droite; quelle est la longueur des 2 principaux?
26. Quels sont: les 3 affluents de la Marne; les 5 affluents de l'Oise; par quelle rive?
27. Quels sont: l'affluent de l'Aisne; l'affluent de la Serre; par quelle rive?
28. Quels sont les 5 affluents de la Seine, par la rive gauche?
29. Quels sont: les 2 affluents de l'Youne; l'affluent de la Cure; l'affluent de l'Essonne; les 2 affluents de l'Eure; par quelle rive?
30. Quels sont: l'affluent de la Somme; l'affluent de l'Avre; l'affluent du Béthune; l'affluent de la Drome; par quelle rive?
31. Où la Loire prend-elle sa source; dans quelles directions coule-t-elle; quelle est la longueur de son cours; dans quelle mer se jette-t-elle?

Th. Lebrun & A. Le Béalle.

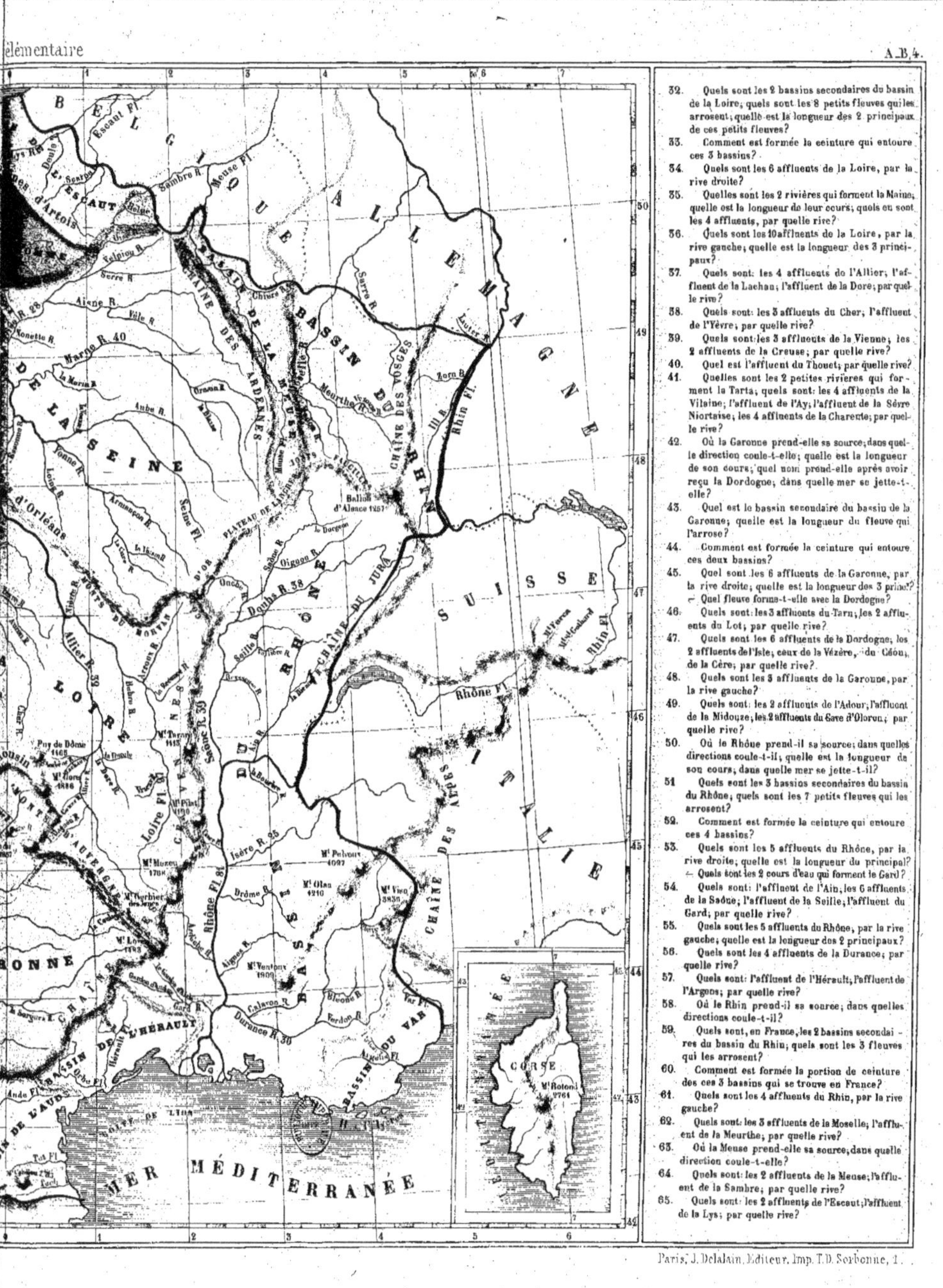

32. Quels sont les 2 bassins secondaires du bassin de la Loire; quels sont les 8 petits fleuves qui les arrosent; quelle est la longueur des 2 principaux de ces petits fleuves?

33. Comment est formée la ceinture qui entoure ces 3 bassins?

34. Quels sont les 6 affluents de la Loire, par la rive droite?

35. Quelles sont les 2 rivières qui forment la Maine; quelle est la longueur de leur cours; quels en sont les 4 affluents, par quelle rive?

36. Quels sont les 10 affluents de la Loire, par la rive gauche; quelle est la longueur des 3 principaux?

37. Quels sont: les 4 affluents de l'Allier; l'affluent de la Lachau; l'affluent de la Dore; par quelle rive?

38. Quels sont: les 3 affluents du Cher; l'affluent de l'Yèvre; par quelle rive?

39. Quels sont les 3 affluents de la Vienne; les 2 affluents de la Creuse; par quelle rive?

40. Quel est l'affluent du Thouet; par quelle rive?

41. Quelles sont les 2 petites rivières qui forment la Tarta; quels sont: les 4 affluents de la Vilaine; l'affluent de l'Ay; l'affluent de la Sèvre Niortaise; les 4 affluents de la Charente; par quelle rive?

42. Où la Garonne prend-elle sa source; dans quelle direction coule-t-elle; quelle est la longueur de son cours; quel nom prend-elle après avoir reçu la Dordogne; dans quelle mer se jette-t-elle?

43. Quel est le bassin secondaire du bassin de la Garonne; quelle est la longueur du fleuve qui l'arrose?

44. Comment est formée la ceinture qui entoure ces deux bassins?

45. Quel sont les 6 affluents de la Garonne, par la rive droite; quelle est la longueur des 3 princ.? — Quel fleuve forme-t-elle avec la Dordogne?

46. Quels sont: les 3 affluents du Tarn; les 2 affluents du Lot; par quelle rive?

47. Quels sont les 6 affluents de la Dordogne; les 2 affluents de l'Isle; ceux de la Vézère, du Céou, de la Cère; par quelle rive?

48. Quels sont les 3 affluents de la Garonne, par la rive gauche?

49. Quels sont: les 2 affluents de l'Adour; l'affluent de la Midouze; les 2 affluents du Gave d'Oloron; par quelle rive?

50. Où le Rhône prend-il sa source; dans quelles directions coule-t-il; quelle est la longueur de son cours; dans quelle mer se jette-t-il?

51 Quels sont les 3 bassins secondaires du bassin du Rhône; quels sont les 7 petits fleuves qui les arrosent?

52. Comment est formée la ceinture qui entoure ces 4 bassins?

53. Quels sont les 5 affluents du Rhône, par la rive droite; quelle est la longueur du principal? — Quels sont les 2 cours d'eau qui forment le Gard?

54. Quels sont: l'affluent de l'Ain; les 6 affluents de la Saône; l'affluent de la Seille; l'affluent du Gard; par quelle rive?

55. Quels sont les 5 affluents du Rhône, par la rive gauche; quelle est la longueur des 2 principaux?

56. Quels sont les 4 affluents de la Durance; par quelle rive?

57. Quels sont: l'affluent de l'Hérault; l'affluent de l'Argens; par quelle rive?

58. Où le Rhin prend-il sa source; dans quelles directions coule-t-il?

59. Quels sont, en France, les 2 bassins secondaires du bassin du Rhin; quels sont les 3 fleuves qui les arrosent?

60. Comment est formée la portion de ceinture des ces 3 bassins qui se trouve en France?

61. Quels sont les 4 affluents du Rhin, par la rive gauche?

62. Quels sont: les 3 affluents de la Moselle; l'affluent de la Meurthe; par quelle rive?

63. Où la Meuse prend-elle sa source; dans quelle direction coule-t-elle?

64. Quels sont: les 2 affluents de la Meuse; l'affluent de la Sambre; par quelle rive?

65. Quels sont: les 2 affluents de l'Escaut; l'affluent de la Lys; par quelle rive?

Paris, J. Delalain, Éditeur. Imp. T.D. Sorbonne, 1.

FRANCE POLITIQUE

DIVISÉE EN DÉPARTEMENTS.

Nota: Les teintes plates désignent les bassins dans lesquels les départements sont situés.

Signes
- ● Chef-lieu de préfecture.
- • Chef-lieu de sous-préfecture.
- ⚓ Préfecture maritime.

1. Quels sont les 7 départements arrosés par la Seine?
2. Quels sont les chefs-lieux de préfecture et de sous-préfecture de ces départements?
3. Quels sont les 4 départements arrosés par les affluents de la Seine, rive droite?
4. Quels sont les chefs-lieux de préfecture et de sous-préfecture de ces départements?—Sur quels cours d'eau sont-ils situés?
5. Quels sont les 2 départements arrosés par les affluents de la Seine, rive gauche?
6. Quels sont les chefs-lieux de préfecture et de sous-préfecture? — Sur quels cours d'eau sont-ils situés?
7. Quel est le département arrosé par la Somme? — Quels sont les chefs-lieux de préfecture et de sous-préfecture de ce département; et sur quels cours d'eau sont-ils situés?
8. Quel département est au Nord de celui de la Somme? — Quels sont les chefs-lieux de préfecture et de sous-préfecture? — Sur quels cours d'eau sont-ils situés?
9. Quels sont les 2 départements arrosés par l'Orne?
10. Quels sont les chefs-lieux de préfecture et de sous-préfecture? — Sur quels cours d'eau sont-ils situés?
11. Quel département s'avance dans la Manche; quels en sont les chefs-lieux de préfecture et de sous-préfecture? — Sur quels cours d'eau sont-ils situés?
12. Quels sont les 3 dép. situés entre la Manche et l'Océan? — Quels en sont les chefs-lieux de préfecture et de sous-préfecture; et sur quels cours d'eau sont-ils situés?
13. Quel est le département arrosé par la Vilaine; quels sont les chefs-lieux de préfecture et de sous-préfecture, et sur quels cours d'eau sont-ils situés?
14. Quels sont les 9 départements arrosés par la Loire?
15. Quels sont les chefs-lieux de préfecture et de sous-préfecture de ces départements? Sur quels cours d'eau sont ils situés?
16. Quels sont les 2 départements arrosés par les affluents de la Loire, rive droite?—Quels sont les chefs-lieux de préfecture et de sous-préfecture; et sur quels cours d'eau sont-ils situés?
17. Quels sont les 7 départements arrosés par les affluents de la Loire, rive gauche?
18. Quels sont les chefs-lieux de préfecture et de sous-préfecture de ces départements? — Sur quels cours d'eau sont-ils situés?

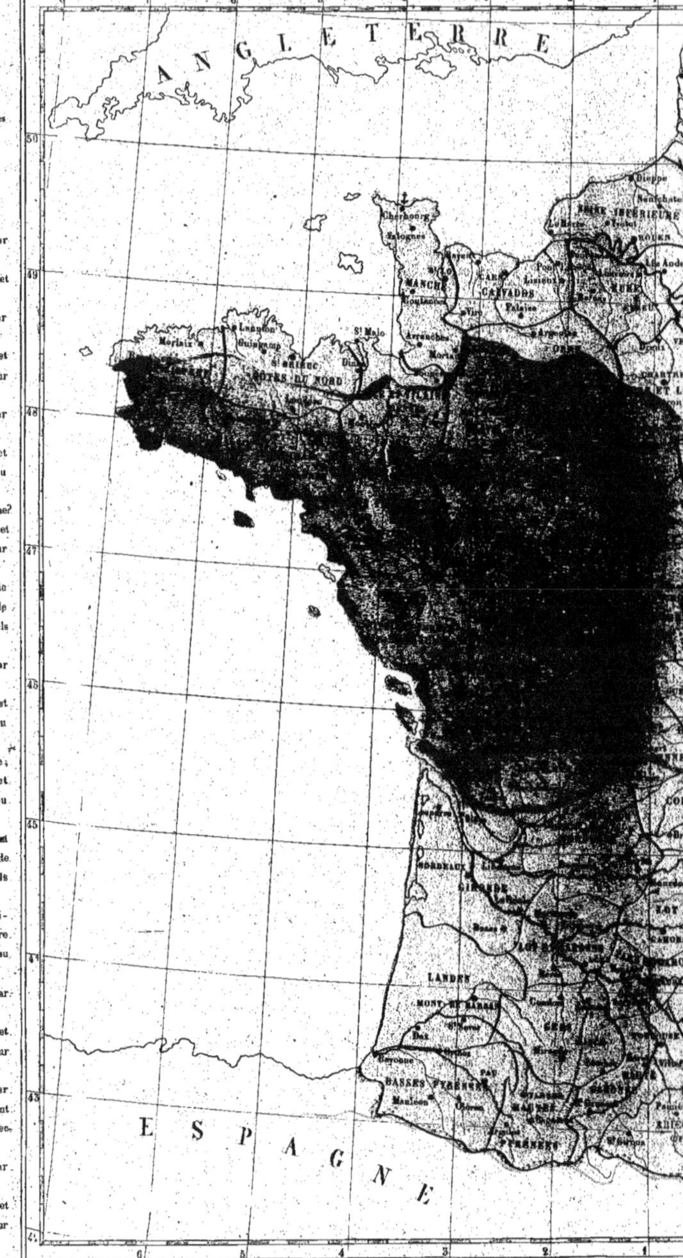

Th. Lebrun & A. Le Béalle

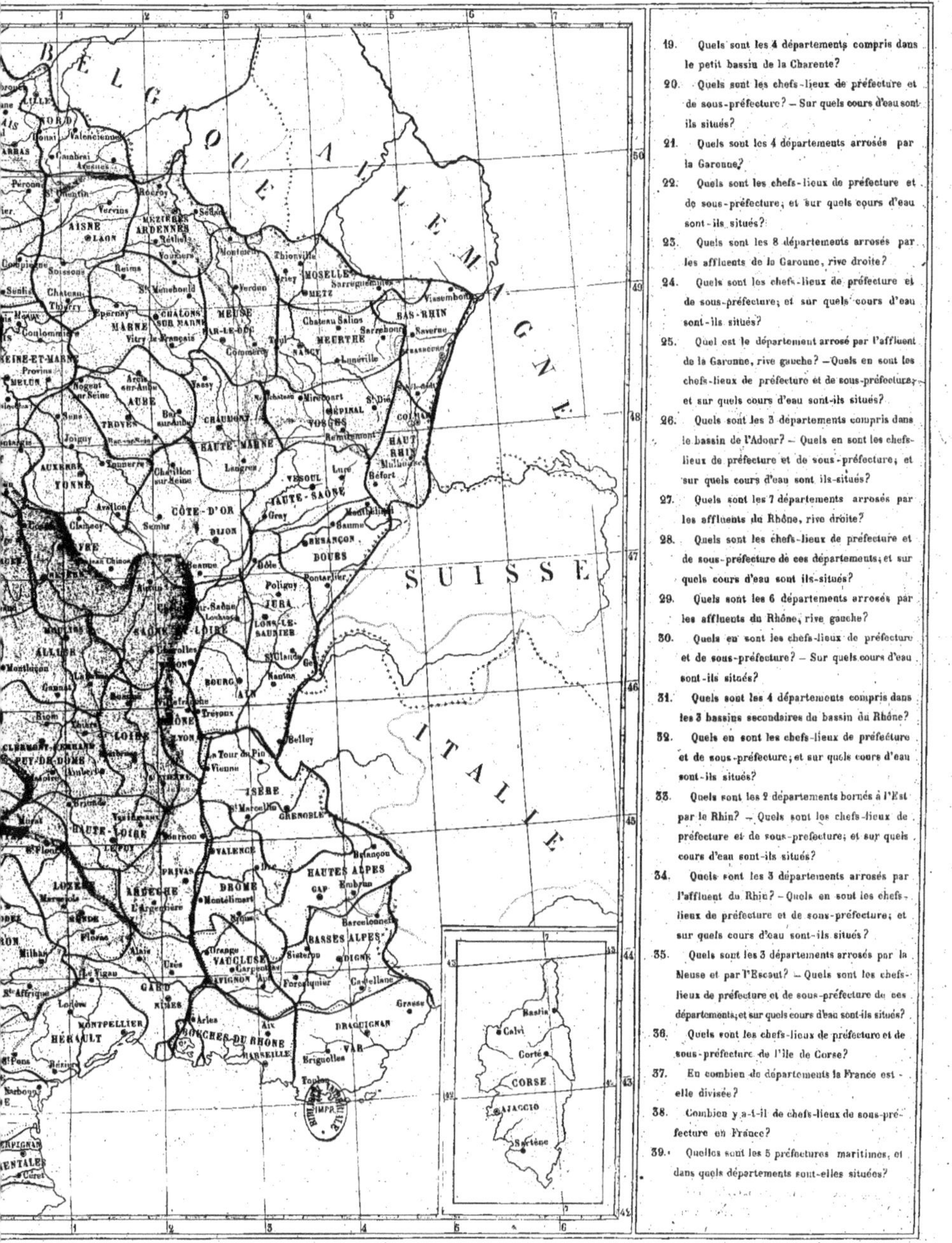

19. Quels sont les 4 départements compris dans le petit bassin de la Charente?

20. Quels sont les chefs-lieux de préfecture et de sous-préfecture? – Sur quels cours d'eau sont-ils situés?

21. Quels sont les 4 départements arrosés par la Garonne?

22. Quels sont les chefs-lieux de préfecture et de sous-préfecture; et sur quels cours d'eau sont-ils situés?

23. Quels sont les 8 départements arrosés par les affluents de la Garonne, rive droite?

24. Quels sont les chefs-lieux de préfecture et de sous-préfecture; et sur quels cours d'eau sont-ils situés?

25. Quel est le département arrosé par l'affluent de la Garonne, rive gauche? – Quels en sont les chefs-lieux de préfecture et de sous-préfecture, et sur quels cours d'eau sont-ils situés?

26. Quels sont les 3 départements compris dans le bassin de l'Adour? – Quels en sont les chefs-lieux de préfecture et de sous-préfecture; et sur quels cours d'eau sont ils-situés?

27. Quels sont les 7 départements arrosés par les affluents du Rhône, rive droite?

28. Quels sont les chefs-lieux de préfecture et de sous-préfecture de ces départements; et sur quels cours d'eau sont ils-situés?

29. Quels sont les 6 départements arrosés par les affluents du Rhône, rive gauche?

30. Quels en sont les chefs-lieux de préfecture et de sous-préfecture? – Sur quels cours d'eau sont-ils situés?

31. Quels sont les 4 départements compris dans les 3 bassins secondaires du bassin du Rhône?

32. Quels en sont les chefs-lieux de préfecture et de sous-préfecture; et sur quels cours d'eau sont-ils situés?

33. Quels sont les 2 départements bornés à l'Est par le Rhin? – Quels sont les chefs-lieux de préfecture et de sous-préfecture; et sur quels cours d'eau sont-ils situés?

34. Quels sont les 3 départements arrosés par l'affluent du Rhin? – Quels en sont les chefs-lieux de préfecture et de sous-préfecture; et sur quels cours d'eau sont-ils situés?

35. Quels sont les 3 départements arrosés par la Meuse et par l'Escaut? – Quels sont les chefs-lieux de préfecture et de sous-préfecture de ces départements; et sur quels cours d'eau sont-ils situés?

36. Quels sont les chefs-lieux de préfecture et de sous-préfecture de l'île de Corse?

37. En combien de départements la France est-elle divisée?

38. Combien y a-t-il de chefs-lieux de sous-préfecture en France?

39. Quelles sont les 5 préfectures maritimes, et dans quels départements sont-elles situées?

Paris, J. Delalain, Éditeur, Imp. r. D. Sorbonne, 1.

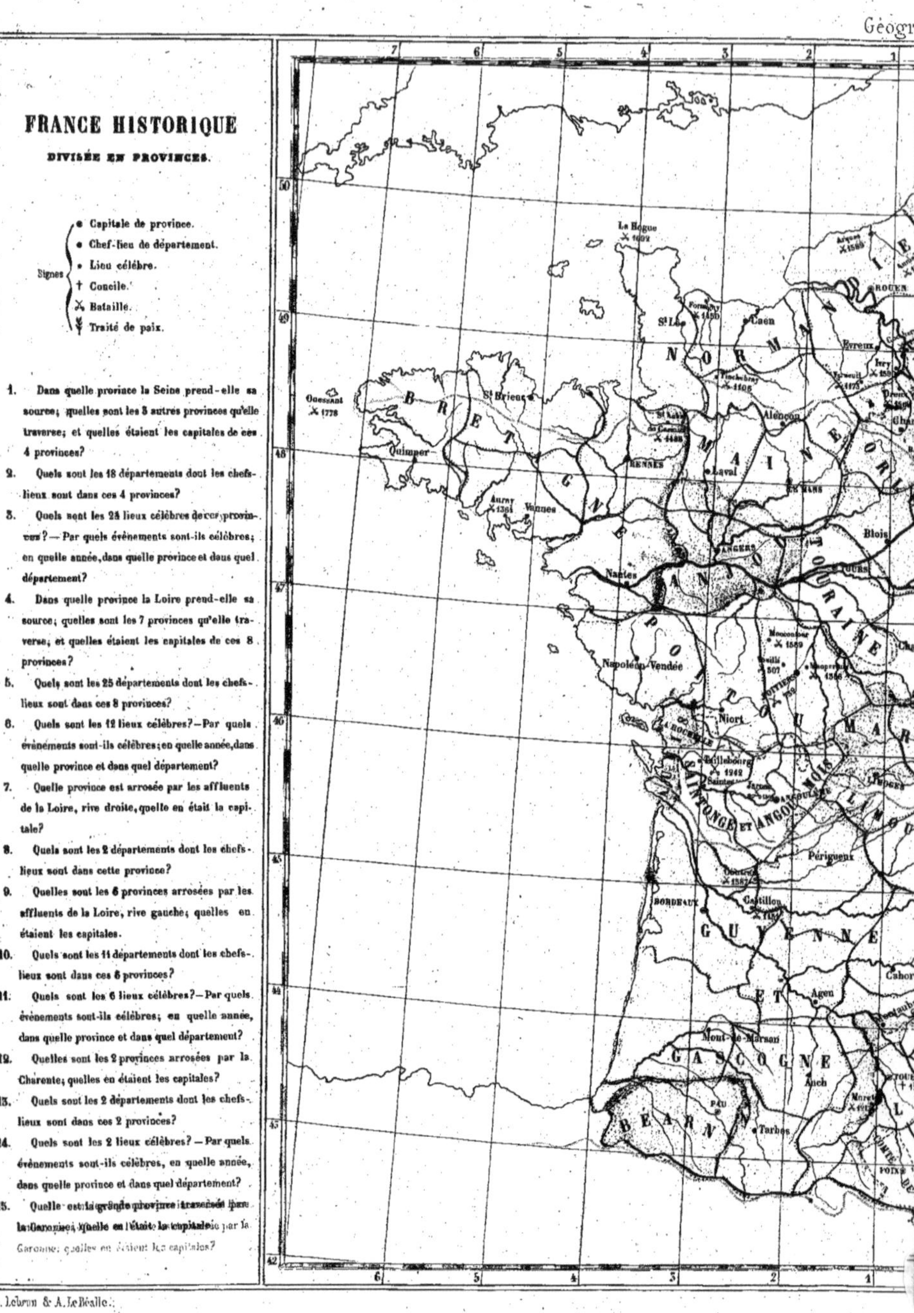

FRANCE HISTORIQUE

DIVISÉE EN PROVINCES.

Signes:
- ● Capitale de province.
- • Chef-lieu de département.
- · Lieu célèbre.
- † Concile.
- ⚔ Bataille.
- ¥ Traité de paix.

1. Dans quelle province la Seine prend-elle sa source; quelles sont les 3 autres provinces qu'elle traverse; et quelles étaient les capitales de ces 4 provinces?
2. Quels sont les 18 départements dont les chefs-lieux sont dans ces 4 provinces?
3. Quels sont les 24 lieux célèbres de ces provinces? — Par quels événements sont-ils célèbres; en quelle année, dans quelle province et dans quel département?
4. Dans quelle province la Loire prend-elle sa source; quelles sont les 7 provinces qu'elle traverse; et quelles étaient les capitales de ces 8 provinces?
5. Quels sont les 25 départements dont les chefs-lieux sont dans ces 8 provinces?
6. Quels sont les 12 lieux célèbres? — Par quels événements sont-ils célèbres; en quelle année, dans quelle province et dans quel département?
7. Quelle province est arrosée par les affluents de la Loire, rive droite, quelle en était la capitale?
8. Quels sont les 2 départements dont les chefs-lieux sont dans cette province?
9. Quelles sont les 6 provinces arrosées par les affluents de la Loire, rive gauche; quelles en étaient les capitales.
10. Quels sont les 11 départements dont les chefs-lieux sont dans ces 6 provinces?
11. Quels sont les 6 lieux célèbres? — Par quels événements sont-ils célèbres; en quelle année, dans quelle province et dans quel département?
12. Quelles sont les 2 provinces arrosées par la Charente; quelles en étaient les capitales?
13. Quels sont les 2 départements dont les chefs-lieux sont dans ces 2 provinces?
14. Quels sont les 2 lieux célèbres? — Par quels événements sont-ils célèbres, en quelle année, dans quelle province et dans quel département?
15. Quelle est la grande province traversée par la Garonne; quelle en était la capitale [overprinted: ... par la Garonne; quelles en étaient les capitales?]

Th. Lebrun & A. Le Béalle.

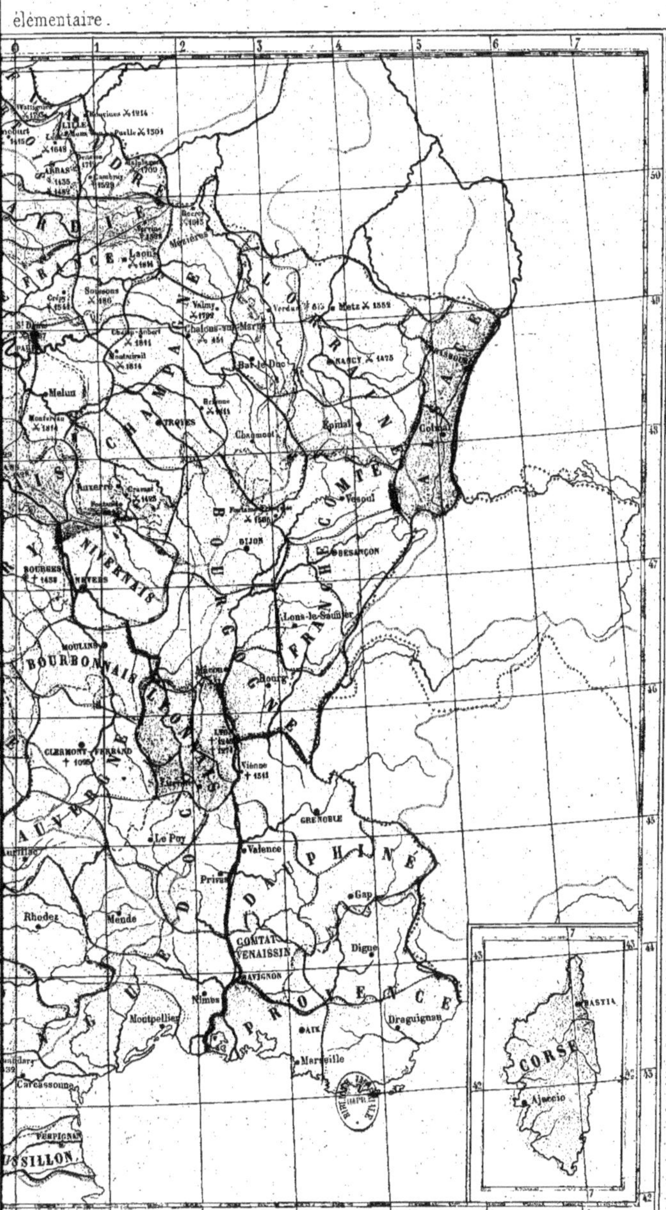

16. Quels sont les 9 départements dont les chefs-lieux sont dans cette province?

17. Quels sont les 3 lieux célèbres? — Par quels événements sont-ils célèbres; en quelle année, dans quel département?

18. Quelle est la province bornée au Nord, à l'Est et à l'Ouest par la Gascogne, et au Sud par les Pyrénées; quelle en était la capitale?

19. Quel département a pour chef-lieu la capitale de cette province?

20. Quelles sont les 2 provinces au Sud du Languedoc; quelles en étaient les capitales, et de quels départements sont-elles les chefs-lieux?

21. Quelles sont les 2 provinces sur la rive gauche du Rhône; quelles en étaient les capitales?

22. Quels sont les 6 départements dont les chefs-lieux sont dans ces 2 provinces?

23. Quelle est la ville célèbre? — Par quel événement, en quelle année, dans quelle province et dans quel département?

24. Quel est le pays borné à l'Ouest par le Rhône, et qui n'appartenait pas à la France avant 1791, quelle en était la capitale; et de quel département cette ville est-elle le chef-lieu?

25. Quelle province est arrosée par la Saône et le Doubs; quelle en était la capitale; et quels sont les 3 départements dont les chefs-lieux sont dans cette province?

26. Quelle province est bornée à l'Est par le Rhin; quelle en était la capitale; quels sont les 2 départements dont les chefs-lieux sont dans cette province?

27. Quelle est la province arrosée par la Meuse, et la Moselle; quelle en était la capitale?

28. Quels sont les 4 départements dont les chefs-lieux sont dans cette province?

29. Quelles sont les 5 villes célèbres par des événements historiques? — En quelle année se sont-ils passés, dans quels départements sont-ils situés?

30. Quelle province est arrosée par l'Escaut; quelle en était la capitale, et quel département forme-t-elle?

31. Quels sont les 6 lieux célèbres? — Par quels événements sont-ils célèbres, en quelle année se sont-ils passés?

32. Quelle est la province arrosée par la Somme, quelle en était la capitale, de quel département cette ville est-elle le chef-lieu?

33. Quels sont les 8 lieux célèbres? — Par quels événements, en quelle année et dans quel département?

34. Quelle province est entourée par la Flandre et la Picardie; quelle en était la capitale, et dans quel département est-elle comprise?

35. Quels sont les 3 lieux célèbres? — Par quels événements? en quelle année se sont ils passés?

36. Quelle île formait une trente-troisième province; quelle en était la capitale? — Quel est le chef-lieu du département formé de cette île?

Paris, J. Delalain, Editeur, Imp. T. D. Sorbonne, 1.

ASIE PHYSIQUE

1. Entre quels degrés de latitude Nord, et quels degrés de longitude Est et de longitude Ouest, l'Asie est-elle située?
2. Par quels océans et mer est-elle bornée au Nord, à l'Est et au Sud? — Par quelle partie du monde et quelles mers est-elle bornée à l'Ouest?
3. Quelles chaînes de Montagnes, quel fleuve et quelles mers la séparent de l'Europe? — Quel Isthme la réunit à l'Afrique, quel golfe l'en sépare?
4. Quelle mer est formée par l'Océan Glacial Arctique?
5. Quelles sont les 5 mers qui sont formées par le Grand Océan?
6. Quelle mer intérieure à l'Ouest, ne communique à aucune mer?
7. Quels sont les 15 principaux golfes de l'Asie, et par quelles mers sont-ils formés?
8. Quels sont les 12 principaux détroits de l'Asie, et quelles mers font-ils communiquer?
9. Quels sont les 7 principaux caps de l'Asie, et dans quelles mers s'avancent-ils?
10. Quelle est la grande île et quel est le groupe d'îles situés dans l'océan glacial arctique?
11. Quelles sont les 7 grandes îles et quels sont les 3 groupes d'îles situés dans le Grand Océan?
12. Quelle est la grande île et quels sont les 4 groupes d'îles situés dans la mer des Indes? — Quelle petite île est à l'entrée du golfe de Kambaye?
13. Quelles sont les 2 îles principales dans la Méditerranée; quel groupe d'îles est dans l'Archipel?
14. Quelles sont les 8 presqu'îles de l'Asie: 3 grandes et 5 petites? — Par quelles mers sont-elles baignées?
15. Quel nom a reçu la côte orientale de la presqu'île occidentale de l'Inde? — Quel nom a reçu la côte occidentale?
16. Quelles sont les 18 principales chaînes de montagnes de l'Asie?
17. Quels sont les 2 monts les plus élevés de l'Himalaya, et quelle hauteur atteignent-ils?
18. Quels sont les 2 volcans de la chaîne de Thian-Chan? — Quel est le volcan des monts du Kamtchatka?
19. Quelle montagne est dans l'île de Ceylan?

Th. Lebrun & A. Le Béalle.

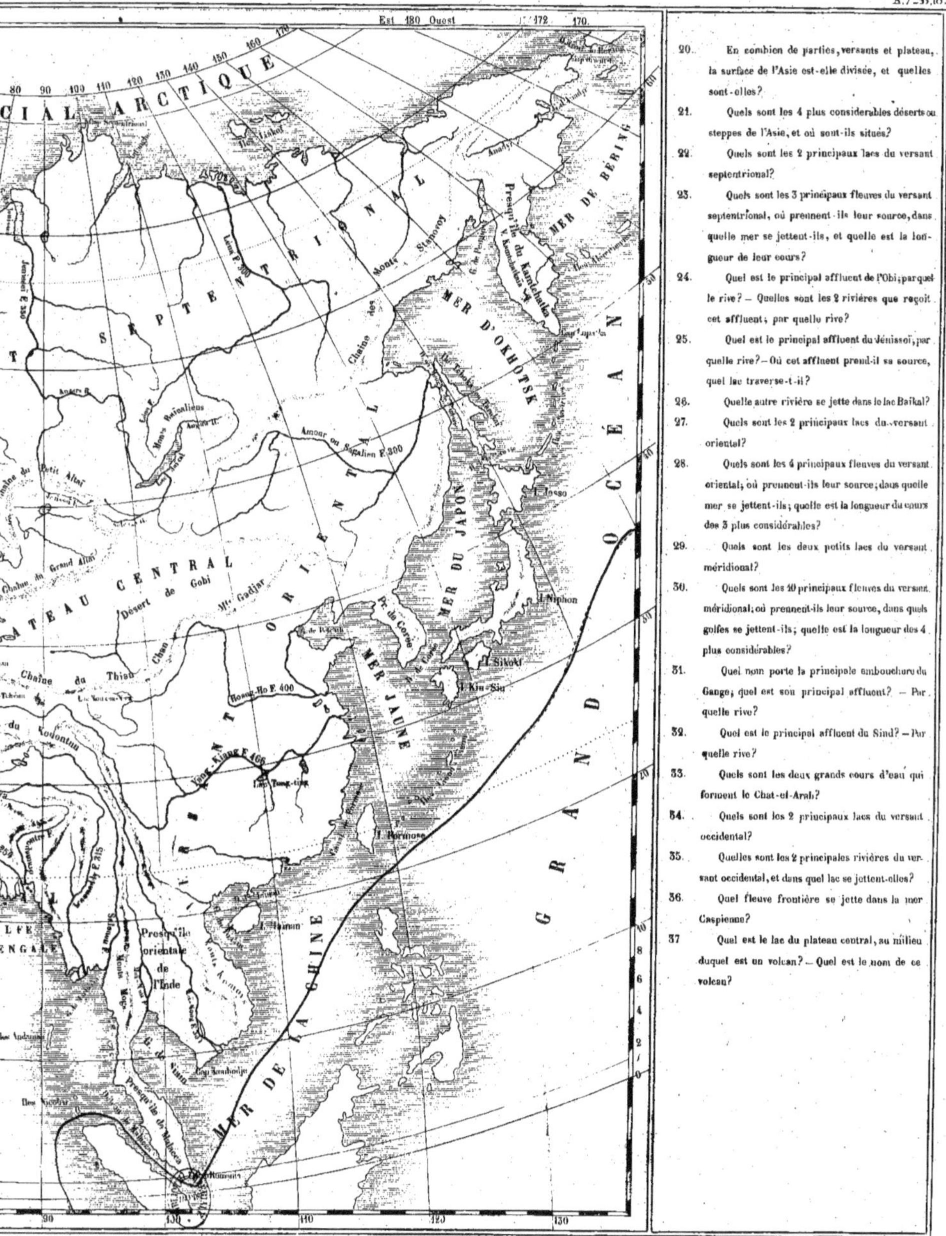

20. En combien de parties, versants et plateau, la surface de l'Asie est-elle divisée, et quelles sont-elles?

21. Quels sont les 4 plus considérables déserts ou steppes de l'Asie, et où sont-ils situés?

22. Quels sont les 2 principaux lacs du versant septentrional?

23. Quels sont les 3 principaux fleuves du versant septentrional, où prennent-ils leur source, dans quelle mer se jettent-ils, et quelle est la longueur de leur cours?

24. Quel est le principal affluent de l'Obi; par quelle rive? — Quelles sont les 2 rivières que reçoit cet affluent; par quelle rive?

25. Quel est le principal affluent du Iénisseï, par quelle rive? — Où cet affluent prend-il sa source, quel lac traverse-t-il?

26. Quelle autre rivière se jette dans le lac Baïkal?

27. Quels sont les 2 principaux lacs du versant oriental?

28. Quels sont les 4 principaux fleuves du versant oriental; où prennent-ils leur source; dans quelle mer se jettent-ils; quelle est la longueur du cours des 3 plus considérables?

29. Quels sont les deux petits lacs du versant méridional?

30. Quels sont les 10 principaux fleuves du versant méridional; où prennent-ils leur source, dans quels golfes se jettent-ils; quelle est la longueur des 4 plus considérables?

31. Quel nom porte la principale embouchure du Gange; quel est son principal affluent? — Par quelle rive?

32. Quel est le principal affluent du Sind? — Par quelle rive?

33. Quels sont les deux grands cours d'eau qui forment le Chat-el-Arab?

34. Quels sont les 2 principaux lacs du versant occidental?

35. Quelles sont les 2 principales rivières du versant occidental, et dans quel lac se jettent-elles?

36. Quel fleuve frontière se jette dans la mer Caspienne?

37. Quel est le lac du plateau central, au milieu duquel est un volcan? — Quel est le nom de ce volcan?

Paris, J. Delalain, Éditeur, Imp. T.D. Sorbonne, 1.

ASIE POLITIQUE

1. Quelle contrée occupe tout le versant septentrional de l'Asie? — Quelles sont ses bornes?
2. Quels sont les 5 gouvernements ou provinces, et les 4 districts de cette contrée? — Quelles sont les 8 villes principales et dans quels gouvernements ou districts sont-elles situées?
3. Quels sont les peuples qui habitent entre l'Obi et les monts Ourals?
4. Quelles sont les 2 principales villes des provinces au Sud du Caucase, qui appartiennent à la Russie?
5. Quelles sont les bornes de la Turquie d'Asie; quelle chaîne de montagnes la traverse de l'Est à l'Ouest; quels sont les 3 principaux cours d'eau, et les 17 villes principales?
6. Quelles sont les bornes de la Tartarie indépendante? — Quel est le grand lac qui s'y trouve; quels sont les 2 principaux cours d'eau qui se jettent dans ce lac?
7. Quelles sont les 4 parties de la Tartarie indépendante? — Quelles sont les 3 villes principales?
8. Quelles sont les bornes de l'Empire Chinois?
9. Quelles sont les 6 parties qui composent l'Empire Chinois?
10. Quelles sont les 9 villes principales et dans quelles parties sont-elles situées?
11. Quelles sont les 2 grandes îles qui appartiennent à la Chine; et quelles en sont les 2 villes principales?
12. Quel groupe d'îles et quelle partie de l'île Tarra-kaï appartiennent à la Chine?
13. Quelles sont les 4 grandes îles, le groupe d'îles et la partie de l'île Tarra-kaï, qui forment l'Empire du Japon?
14. Quelle est la capitale et quelles sont les 4 villes principales du Japon? — Dans quelles îles se trouvent-elles?
15. Quelles sont les bornes de l'Arabie?
16. Quelles sont les 6 parties de l'Arabie, quelles sont les 8 villes principales, et dans quelles parties sont-elles situées?
17. Quelles sont les bornes de la Perse?
18. Quelle est la capitale et les 6 villes principales?

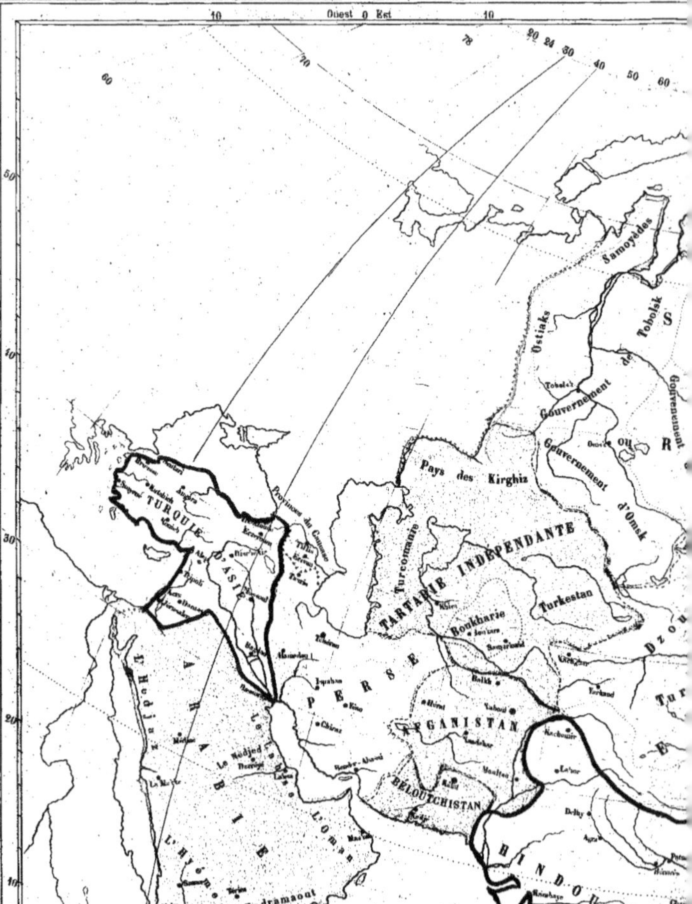

Th. Lebrun & A. Le Béalle.

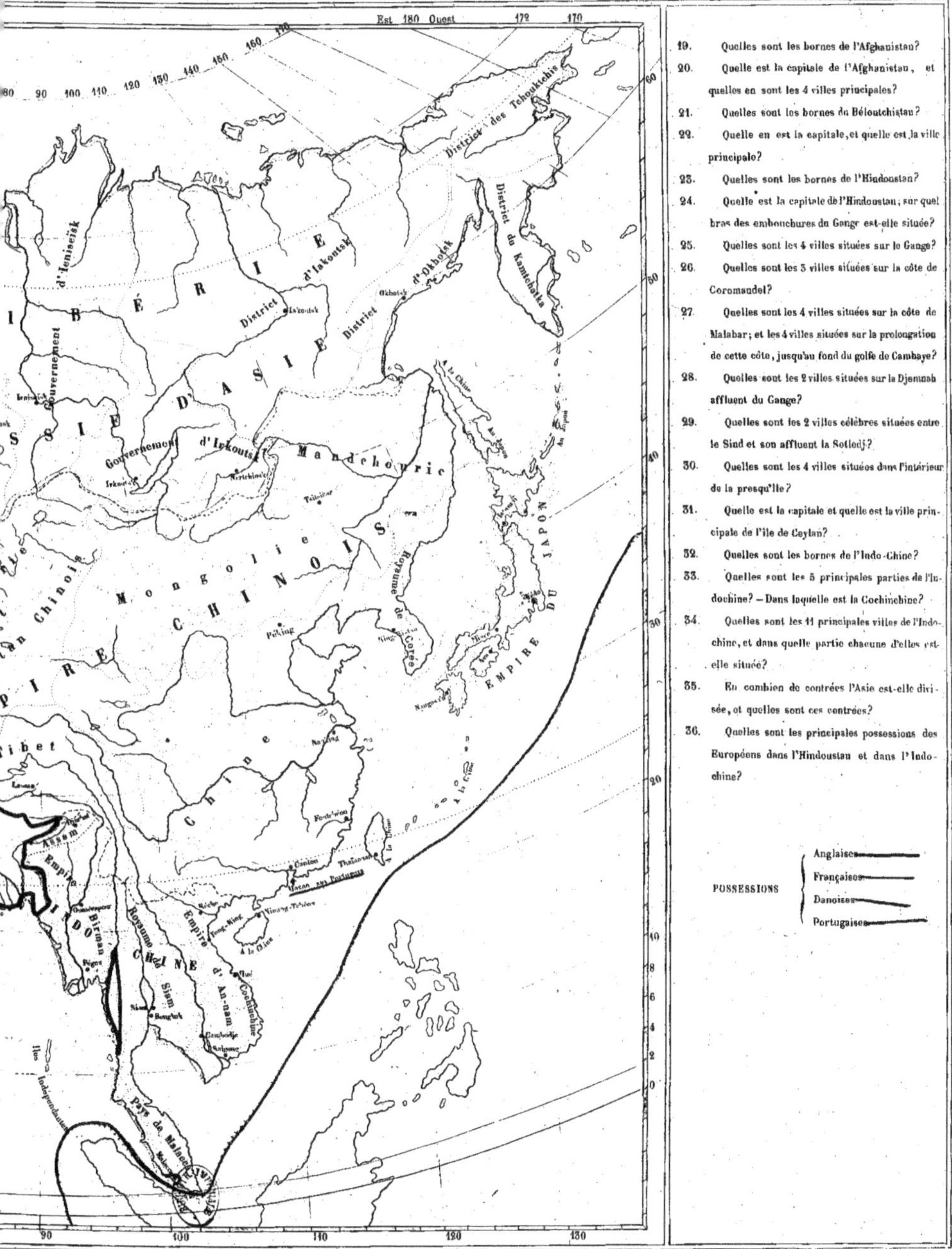

19. Quelles sont les bornes de l'Afghanistan?

20. Quelle est la capitale de l'Afghanistan, et quelles en sont les 4 villes principales?

21. Quelles sont les bornes du Béloutchistan?

22. Quelle en est la capitale, et quelle est la ville principale?

23. Quelles sont les bornes de l'Hindoustan?

24. Quelle est la capitale de l'Hindoustan; sur quel bras des embouchures du Gange est-elle située?

25. Quelles sont les 4 villes situées sur le Gange?

26. Quelles sont les 3 villes situées sur la côte de Coromandel?

27. Quelles sont les 4 villes situées sur la côte de Malabar; et les 4 villes situées sur la prolongation de cette côte, jusqu'au fond du golfe de Cambaye?

28. Quelles sont les 2 villes situées sur la Djemnah affluent du Gange?

29. Quelles sont les 2 villes célèbres situées entre le Sind et son affluent la Setledj?

30. Quelles sont les 4 villes situées dans l'intérieur de la presqu'île?

31. Quelle est la capitale et quelle est la ville principale de l'île de Ceylan?

32. Quelles sont les bornes de l'Indo-Chine?

33. Quelles sont les 5 principales parties de l'Indochine? – Dans laquelle est la Cochinchine?

34. Quelles sont les 11 principales villes de l'Indochine, et dans quelle partie chacune d'elles est-elle située?

35. En combien de contrées l'Asie est-elle divisée, et quelles sont ces contrées?

36. Quelles sont les principales possessions des Européens dans l'Hindoustan et dans l'Indo-chine?

POSSESSIONS { Anglaises, Françaises, Danoises, Portugaises

Paris, J. Delalain, Editeur, Imp. T. D. Sorbonne, 1

AFRIQUE PHYSIQUE

1. Entre quels degrés de latitude Sud et de latitude Nord, de longitude Est et de longitude Ouest l'Afrique est-elle située?
2. Quelles sont les bornes de l'Afrique?
3. Quels sont les 2 détroits qui la séparent l'un de l'Europe, l'autre de l'Asie; et par quel isthme est-elle unie à l'Asie?
4. Quels sont les 5 principaux golfes et par quelles mers sont-ils formés?
5. Quels sont les 9 principaux caps, et dans quelles mers s'avancent-ils?
6. Quelle est la grande île à l'Orient; quels sont les 2 caps au Nord et au Sud de cette île; quel canal la sépare du continent?
7. Quelles sont les 3 autres îles et les 4 groupes d'îles dans la mer des Indes?
8. Quelle est la principale des Seychelles, les 2 des Comores, les 3 des Mascareignes?
9. Quels sont les 5 groupes d'îles dans l'Océan Atlantique, et la petite île près du cap Vert?
10. Quelle est la principale des Açores, la principale des Madères, les 4 principales des Canaries, et la principale des îles du Cap Vert?
11. Quelles sont les 4 îles sur les côtes de Guinée?
12. Quelles sont les 3 principales îles dans l'Océan Atlantique Austral?
13. Quelles sont les 4 principales chaînes de montagnes?
14. Quels sont les 3 principaux versants, les 4 principaux bassins de fleuve ou de lac, et les 2 principaux déserts?
15. Quel est le principal fleuve du versant septentrional, où prend-il sa source, dans quelle direction coule-t-il, et dans quelle mer se jette-t-il?
16. Quels sont les 2 fleuves du bassin du Sénégal, dans quelle direction coulent-ils, et dans quelle mer se jettent-ils?
17. Où le Niger prend-il sa source, dans quelles directions coule-t-il, et dans quel golfe se jette-t-il?
18. Quels sont les 2 principaux fleuves du versant occidental, dans quelle direction coulent-ils, et dans quelle mer se jettent-ils?
19. Quel est le principal fleuve du versant oriental, dans quelle direction coule-t-il, et dans quel canal se jette-t-il?
20. Quels sont les 5 principaux lacs: 3 dans le versant septentrional, 1 au centre du continent, 1 dans le versant oriental.

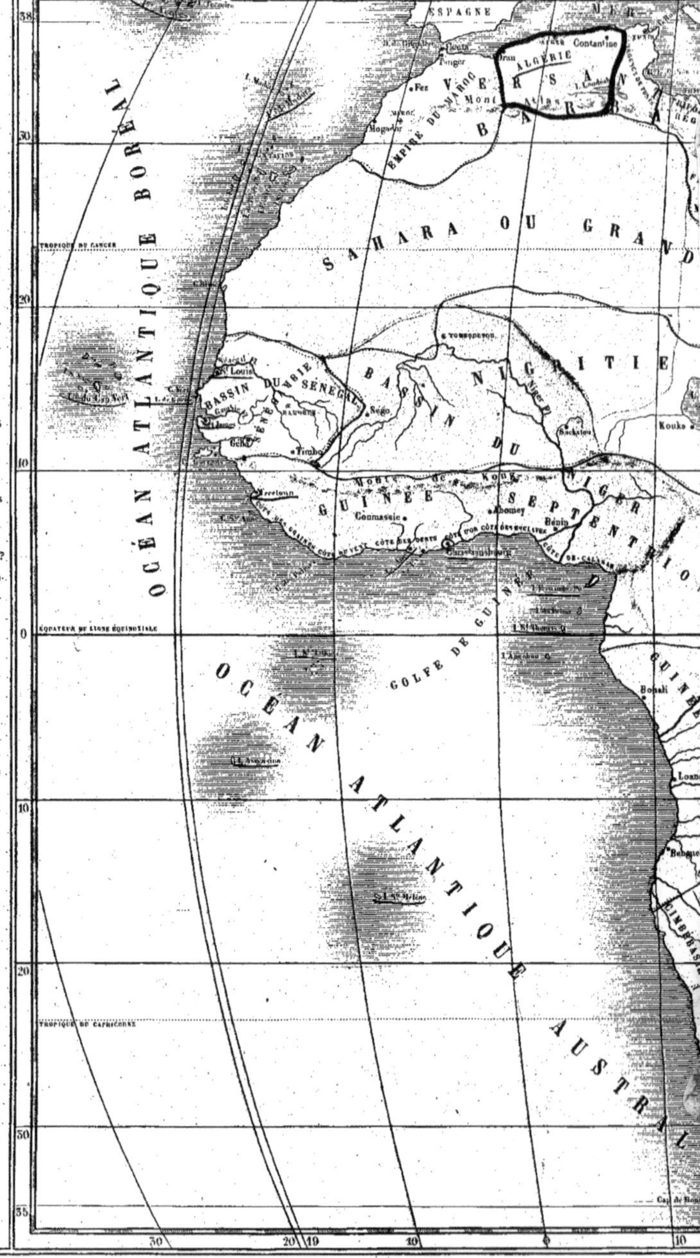

Th. Selves & A. Le Béalle

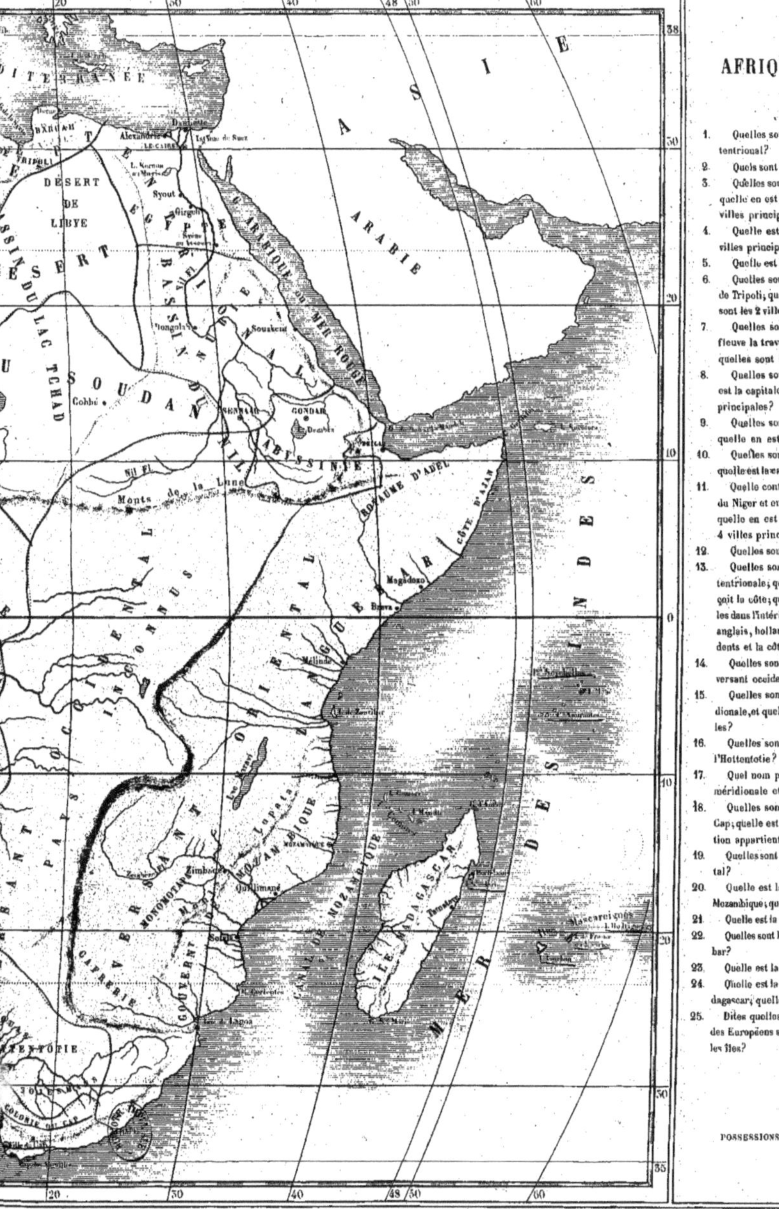

AFRIQUE POLITIQUE

1. Quelles sont les 4 contrées du versant septentrional?
2. Quels sont les 4 États qui forment la Barbarie?
3. Quelles sont les bornes de l'empire du Maroc, quelle en est la capitale, quelles sont les 4 villes principales?
4. Quelle est la capitale et quelles sont les 2 villes principales de l'Algérie?
5. Quelle est la capitale de la Régence de Tunis?
6. Quelles sont les 3 provinces de la Régence de Tripoli; quelle en est la capitale et quelles sont les 2 villes principales?
7. Quelles sont les bornes de l'Egypte; quel fleuve la traverse, quelle en est la capitale et quelles sont les 5 villes principales?
8. Quelles sont les bornes de la Nubie, quelle est la capitale et quelles sont les deux villes principales?
9. Quelles sont les bornes de l'Abyssinie, et quelle en est la capitale?
10. Quelles sont les bornes de la Sénégambie; quelle est la capl; quelles sont les 4 villes ples?
11. Quelle contrée est en partie dans le bassin du Niger et en partie dans celui du lac Tchad, quelle en est la capitale, et quelles sont les 4 villes principales?
12. Quelles sont les bornes du désert de Sahara?
13. Quelles sont les bornes de la Guinée septentrionale; quels sont les six noms que reçoit la côte; quelles sont les 3 villes principales dans l'intérieur, et les 4 établissements anglais, hollandais et danois sur la côte des dents et la côte d'or?
14. Quelles sont les 3 principales contrées du versant occidental?
15. Quelles sont les bornes de la Guinée méridionale, et quelles en sont les 5 villes principales?
16. Quelles sont les 2 principales peuplades de l'Hottentotie?
17. Quel nom porte la côte entre la Guinée méridionale et l'Hottentotie?
18. Quelles sont les bornes de la colonie du Cap; quelle est la ville principale à quelle nation appartient cette colonie?
19. Quelles sont les 6 contrées du versant oriental?
20. Quelle est la capitale du Gouvernement de Mozambique; quelles sont les 2 villes principales?
21. Quelle est la ville principale du Monomotapa?
22. Quelles sont les 3 villes principales du Zanguebar?
23. Quelle est la ville principale du royme d'Adel?
24. Quelle est la ville principale de l'île de Madagascar; quelle est celle de l'île Ste Marie?
25. Dites quelles sont les différentes possessions des Européens sur le continent Africain et dans les îles?

POSSESSIONS
- Françaises.
- Anglaises.
- Hollandaises.
- Danoises.
- Portugaises.
- Espagnoles.

Paris, J. Delalain, Éditeur. Imp. J. D. Sorbonne, 1.

AMÉRIQUE SEPTENTRIONALE
PHYSIQUE.

1. Entre quels degrés de latitude Nord et quels degrés de longitude Ouest l'Amérique septentrionale est-elle située?

2. Quelles sont les bornes de l'Amérique septentrionale?

3. Quelles sont les 2 grandes baies formées par l'Océan glacial arctique?

4. Quelle mer au Sud est formée par l'Océan atlantique boréal?

5. Quels sont les 2 golfes et les 4 baies formés par l'Océan atlantique?

6. Quels sont les 2 golfes et la baie formés par la mer des Antilles?

7. Quelle baie est formée par le golfe du Mexique?

8. Quelle est la mer et quels sont les 2 golfes formés par le grand Océan boréal?

9. Quels sont les 11 principaux caps et dans quelles mers s'avancent-ils

10. Quels sont les 8 principaux détroits et quelles mers font-il communiquer?

11. Quelles sont les 8 principales presqu'îles et par quelles mers sont-elles baignées?

12. Quelles sont les 5 îles les plus connues dans l'Océan glacial arctique et la baie d'Hudson?

13. Quelles sont les 3 principales îles du golfe St. Laurent?

14. Quels sont: la grande île, les 2 petites, et les 4 groupes dans l'Océan Atlantique?

15. Quelle est l'île la plus célèbre des Lucayes?

16. Quelles sont les 4 principales îles des Grandes Antilles?

17. En combien de groupes sont classées les petites Antilles? – quels sont-ils?

18. Quelles sont les 15 principales îles des îles du Vent?

19. Quelles sont les 3 principales des îles Sous le Vent?

20. Quelles sont les 3 îles principales et les 5 groupes d'îles dans le Grand Océan?

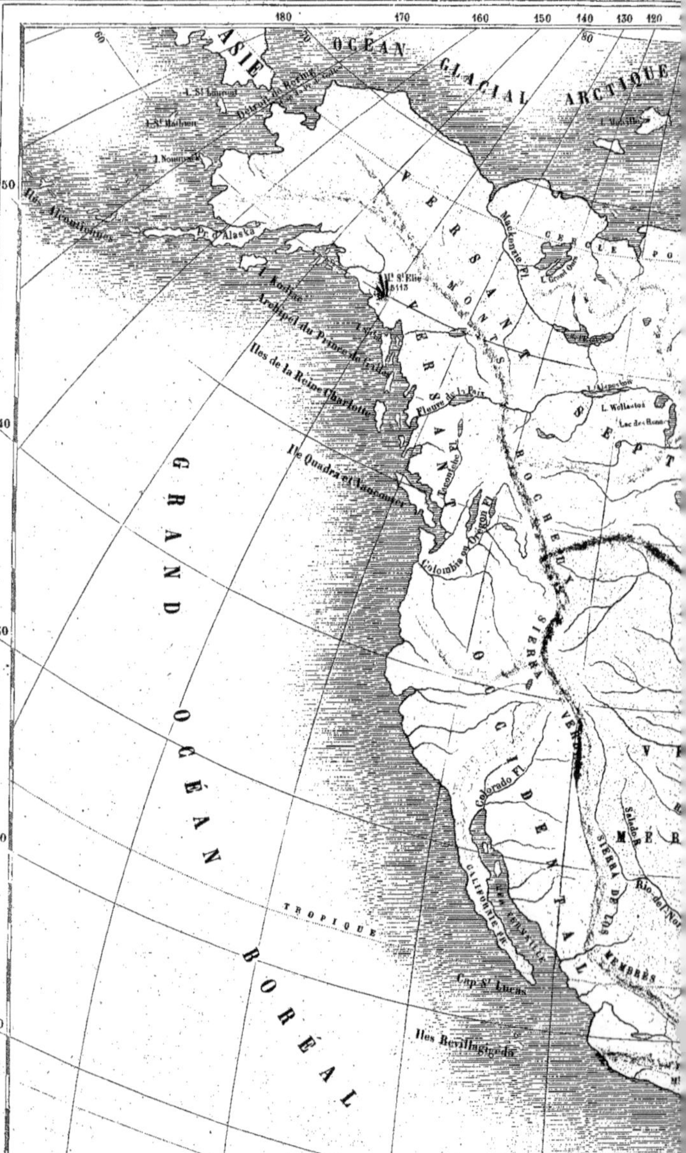

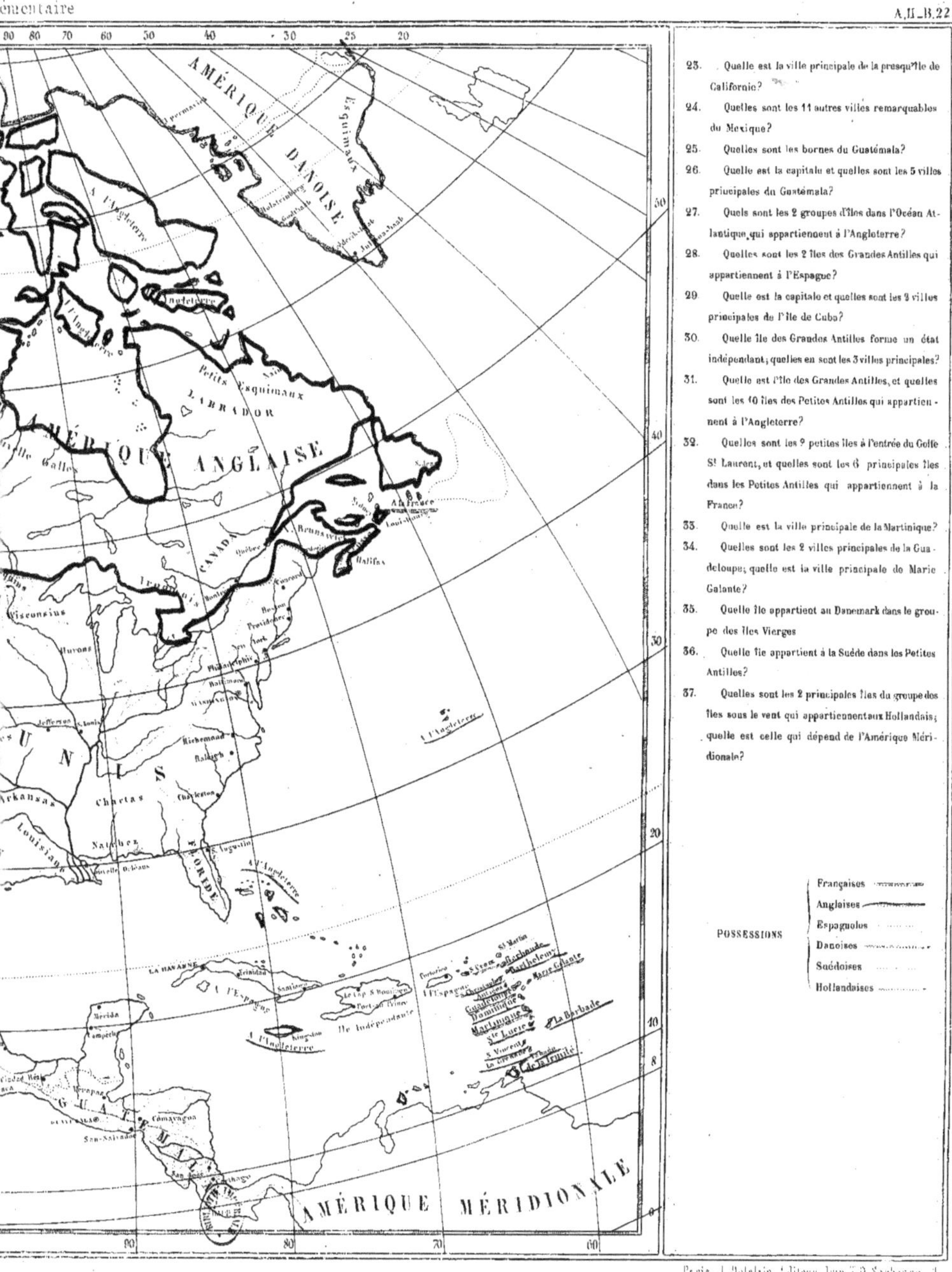

23. Quelle est la ville principale de la presqu'île de Californie?

24. Quelles sont les 11 autres villes remarquables du Mexique?

25. Quelles sont les bornes du Guatémala?

26. Quelle est la capitale et quelles sont les 5 villes principales du Guatémala?

27. Quels sont les 2 groupes d'îles dans l'Océan Atlantique, qui appartiennent à l'Angleterre?

28. Quelles sont les 2 îles des Grandes Antilles qui appartiennent à l'Espagne?

29. Quelle est la capitale et quelles sont les 3 villes principales de l'île de Cuba?

30. Quelle île des Grandes Antilles forme un état indépendant; quelles en sont les 3 villes principales?

31. Quelle est l'île des Grandes Antilles, et quelles sont les 10 îles des Petites Antilles qui appartiennent à l'Angleterre?

32. Quelles sont les 9 petites îles à l'entrée du Golfe St Laurent, et quelles sont les 6 principales îles dans les Petites Antilles qui appartiennent à la France?

33. Quelle est la ville principale de la Martinique?

34. Quelles sont les 2 villes principales de la Guadeloupe; quelle est la ville principale de Marie Galante?

35. Quelle île appartient au Danemark dans le groupe des îles Vierges

36. Quelle île appartient à la Suède dans les Petites Antilles?

37. Quelles sont les 2 principales îles du groupe des îles sous le vent qui appartiennent aux Hollandais; quelle est celle qui dépend de l'Amérique Méridionale?

Paris, J. Delalain, Editeur, Imp. r. d. Sorbonne, 1.

21 Quel groupe d'îles, à l'Ouest de la presqu'île d'Alaska, forme au Sud la limite de la mer de Béring; et quelles sont les 3 îles principales qui appartiennent aux Russes dans cette mer?

22. Quelles sont les 6 principales chaînes de montagnes 4 à l'Occident et 2 à l'Orient?

23. Quels sont les 2 principaux volcans; dans quelles chaînes sont-ils situés, et quelle hauteur atteignent-ils?

24. En combien de Versants principaux l'Amérique du Nord est-elle divisée et quels sont ces Versants?

25. Quels sont les 6 principaux lacs du Versant Septentrional?

26. Quels sont les 3 principaux fleuves de ce versant?

27. Quels sont les 5 principaux lacs du Versant Oriental?

28. Quels sont les 6 principaux fleuves de ce Versant; où prennent-ils leur source et dans quelle mer se jettent-ils?

29. Quels sont les 2 lacs du Versant méridional?

30. Quels sont les 2 principaux fleuves du Versant Méridional, où prennent-ils leur source, dans quel golfe se jettent-ils; quelle est la longueur de leur cours?

31. Quels sont les 4 principaux affluents du Mississipi; par quelle rive?

32. Où le Missouri prend-il sa source; quelle est la longueur de son cours?

33. Où l'Ohio prend-il sa source; quels sont ses 2 principaux affluents; par quelle rive?

34. Quel est le principal affluent du Rio del Norte; par quelle rive?

35. Quels sont les 4 principaux fleuves du Versant Occidental; où prennent-ils leur source; dans quelle mer se jettent-ils?

Paris, J. Delalain, Editeur, Imp. T.D. Sorbonne, 1.

AMÉRIQUE SEPTENTRIONALE

POLITIQUE.

1. Quelles sont les bornes de l'Amérique Russe?
2. Quelles sont les 7 principales peuplades indigènes qui l'habitent?
3. Quels sont les 2 groupes d'îles et les 5 îles qui appartiennent à la Russie dans le grand Océan et dans la mer de Béring? Quel est le principal établissement dans l'île de Sitka?
4. De quelle presqu'île est composée l'Amérique Danoise; quel peuple l'habite; quels sont les cinq principaux établissements?
5. Quelles sont les bornes de la Nouvelle-Bretagne ou Amérique Anglaise?
6. Quelles sont les 11 îles ou groupes d'îles qui appartiennent à l'Angleterre: 1 dans l'Océan Glacial Arctique; 2 dans la baie de Baffin; 2 à l'entrée de la baie d'Hudson; 4 à l'entrée du golfe S.t Laurent; 2 à l'Ouest dans le grand Océan?
7. Quelles sont les 4 provinces à l'Ouest, la province au centre et les 4 à l'Est?
8. Quelles sont les 7 principales peuplades d'Indiens.
9. Quelles sont les 8 villes principales, et où sont-elles situées?
10. Quelles sont les bornes des États-Unis?
11. Quels sont les 3 pays situés dans la partie Sud des États-Unis; quel pays, sur la côte occidentale, fait depuis peu partie des États-Unis?
12. Quelles sont les 8 peuplades d'Indiens qui occupent l'intérieur et la côte méridionale des États-Unis?
13. Quelle est la capitale des États-Unis?
14. Quelles sont les 9 villes remarquables sur la côte orientale?
15. Quelles sont les 2 villes remarquables de la Floride et de la Louisiane?
16. Quelles sont les 2 villes principales du Texas?
17. Quelles sont les 3 villes principales dans l'intérieur des États-Unis?
18. Quelles sont les 2 villes principales de la Haute-Californie?
19. Quelles sont les bornes du Mexique?
20. Quel groupe d'îles appartient au Mexique dans le Grand Océan?
21. Quelle est la capitale du Mexique?
22. Quelles sont les 2 villes principales de la presqu'île d'Yucatan?

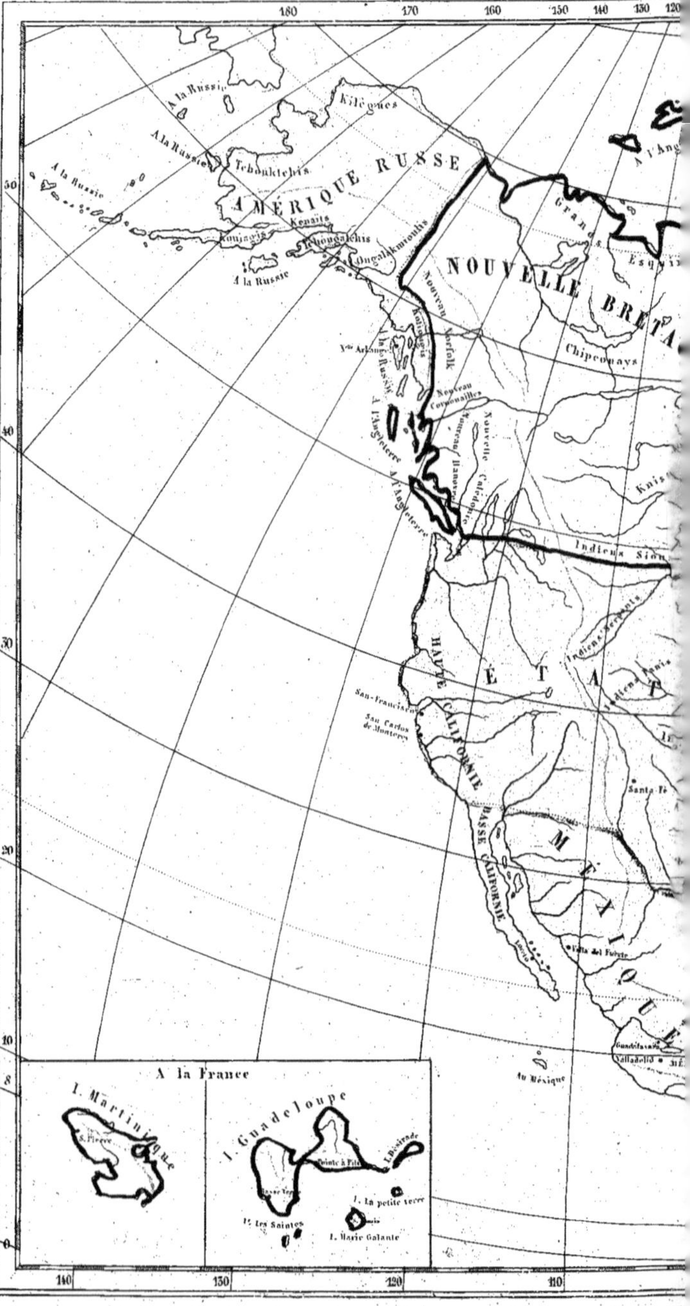

Th. Lebrun & A. Le Béalle.

AMÉRIQUE MÉRIDIONALE PHYSIQUE

1. Entre quels degrés de latitude Nord et de latitude Sud, et quels degrés de longitude Ouest l'Amérique méridionale est-elle située?
2. Par quelles mers est-elle bornée?
3. Par quel isthme est-elle réunie à l'Amérique septentrionale?
4. Quels sont les 8 golfes ou baies, et par quelles mers sont-ils formés?
5. Quels sont les 6 groupes d'îles ou archipels, et les 6 îles principales de l'Amérique méridionale, et dans quelles mers?
6. Quelle est la plus grande des îles Malouines?
7. Quels sont les 4 principaux caps, et dans quelles mers s'avancent-ils?
8. Quels sont les 2 principaux détroits, et où sont-ils situés?
9. Quelle est la principale chaîne de montagnes dans quelle direction et sur quelle côte s'étend-elle: Comment se divise-t-elle au Nord?
10. Quelles sont les 2 principales branches qui s'y rattachent? — Quels sont les 2 principaux noms que reçoit celle qui est le plus au Nord, et les 4 principaux noms de celle qui est placée au centre du continent? — A quelle chaîne de montagnes vient-elle s'unir près de la côte orientale?
11. Quels sont les 4 sommets les plus élevés de la Cordillière des Andes; et quelle hauteur atteignent-ils?
12. Quels sont les 4 principaux volcans; et quelle hauteur atteignent-ils?
13. Quels sont les 3 versants principaux et les 2 bassins de fleuve de l'Amérique méridionale?
14. Quel est le principal lac du versant septentrional? — Quels sont les 2 fleuves les plus importants, où prennent ils leur source, et dans quelle mer se jettent-ils?
15. Quels sont les 3 principaux fleuves du bassin de l'Amazone?

MER DES ANTILLES

GRAND OCÉAN AUSTRAL

Th. Lebrun & A. Le Béalle.

OCÉAN ATLANTIQUE BORÉAL

OCÉAN ATLANTIQUE AUSTRAL

16. Quelles sont les 2 rivières qui, à leur confluent forment le fleuve du Maragnon ou Amazone?

17. Où le vieux Maragnon prend-il sa source?

18. Quel nom porte d'abord l'Yucali et où prend-il sa source?

19. Quel affluent reçoit l'Yucali par la rive droite?

20. Quelle est la longueur totale du fleuve de l'Amazone, depuis la source de l'Apurimac? — Dans quelle mer se jette-t-il?

21. Quels sont les 4 principaux affluents de l'Amazone, et par quelle rive?

22. Quel est le principal affluent du Tocantin, et par quelle rive?

23. Quel est le principal lac du bassin de la Plata?

24. Quel nom reçoit le Rio de la Plata depuis ses sources jusqu'à son confluent avec l'Uruguay; de quelles chaines de montagnes sortent ces sources, et quelle est la longueur de son cours?

25. Quels sont les 2 principaux affluents du Parana, et par quelle rive?

26. Où le Paraguay prend-il sa source; quels sont ses 2 principaux affluents, et par quelle rive?

27. Quels sont les 3 principaux fleuves du versant oriental, où prennent-ils leur source, et dans quelle mer se jettent-ils?

28. Quel est le lac principal du versant oriental?

Paris, J. Pelletier, Imp. r. de la Sorbonne, 1

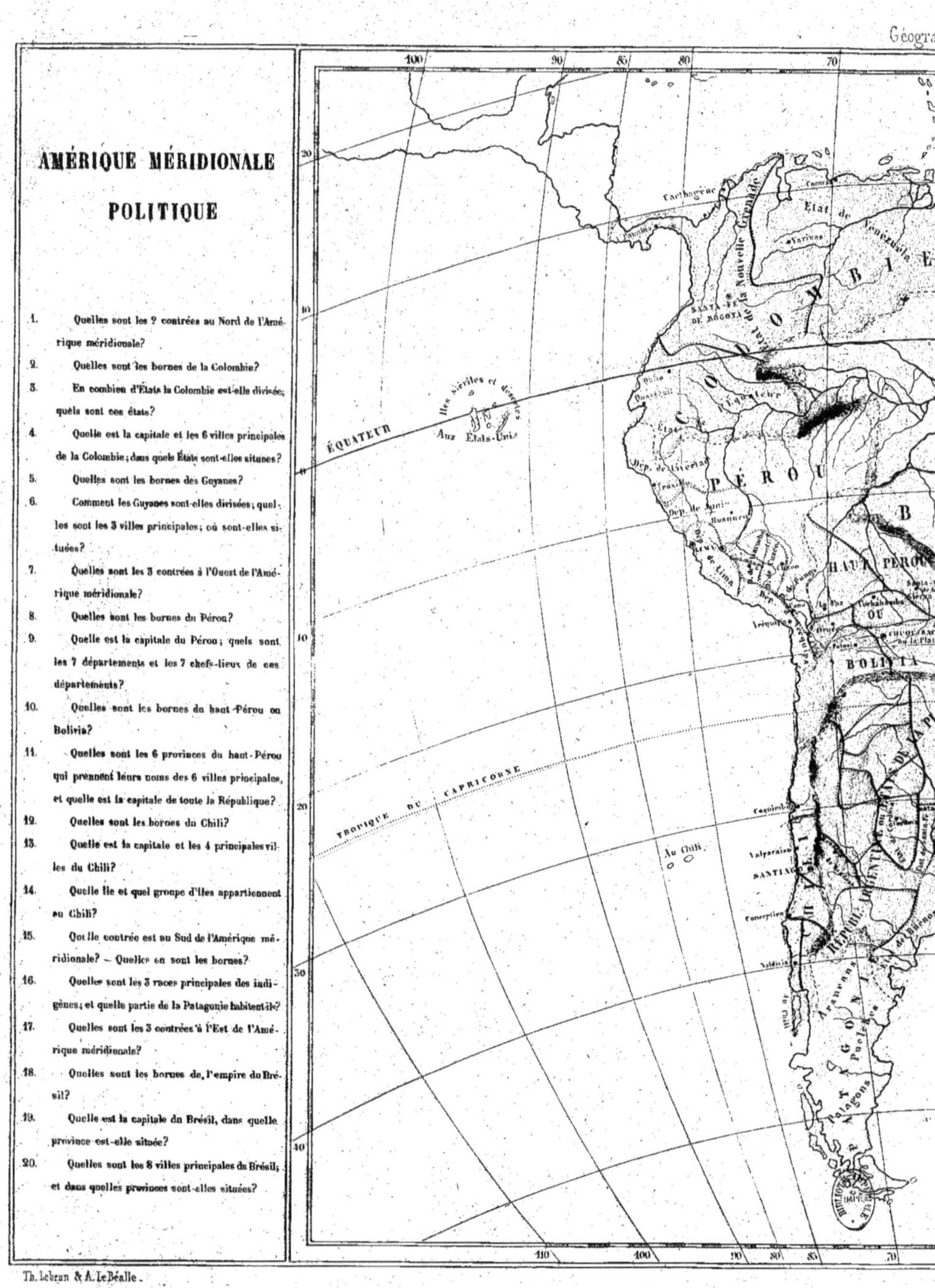

AMÉRIQUE MÉRIDIONALE

POLITIQUE

1. Quelles sont les 2 contrées au Nord de l'Amérique méridionale?
2. Quelles sont les bornes de la Colombie?
3. En combien d'États la Colombie est-elle divisée; quels sont ces états?
4. Quelle est la capitale et les 6 villes principales de la Colombie; dans quels États sont-elles situées?
5. Quelles sont les bornes des Guyanes?
6. Comment les Guyanes sont-elles divisées; quelles sont les 3 villes principales; où sont-elles situées?
7. Quelles sont les 3 contrées à l'Ouest de l'Amérique méridionale?
8. Quelles sont les bornes du Pérou?
9. Quelle est la capitale du Pérou; quels sont les 7 départements et les 7 chefs-lieux de ces départements?
10. Quelles sont les bornes du haut-Pérou ou Bolivia?
11. Quelles sont les 6 provinces du haut-Pérou qui prennent leurs noms des 6 villes principales, et quelle est la capitale de toute la République?
12. Quelles sont les bornes du Chili?
13. Quelle est la capitale et les 4 principales villes du Chili?
14. Quelle île et quel groupe d'îles appartiennent au Chili?
15. Quelle contrée est au Sud de l'Amérique méridionale? — Quelles en sont les bornes?
16. Quelles sont les 3 races principales des indigènes; et quelle partie de la Patagonie habitent-ils?
17. Quelles sont les 3 contrées à l'Est de l'Amérique méridionale?
18. Quelles sont les bornes de l'empire du Brésil?
19. Quelle est la capitale du Brésil, dans quelle province est-elle située?
20. Quelles sont les 8 villes principales du Brésil; et dans quelles provinces sont-elles situées?

Th. Lebrun & A. Le Béalle.

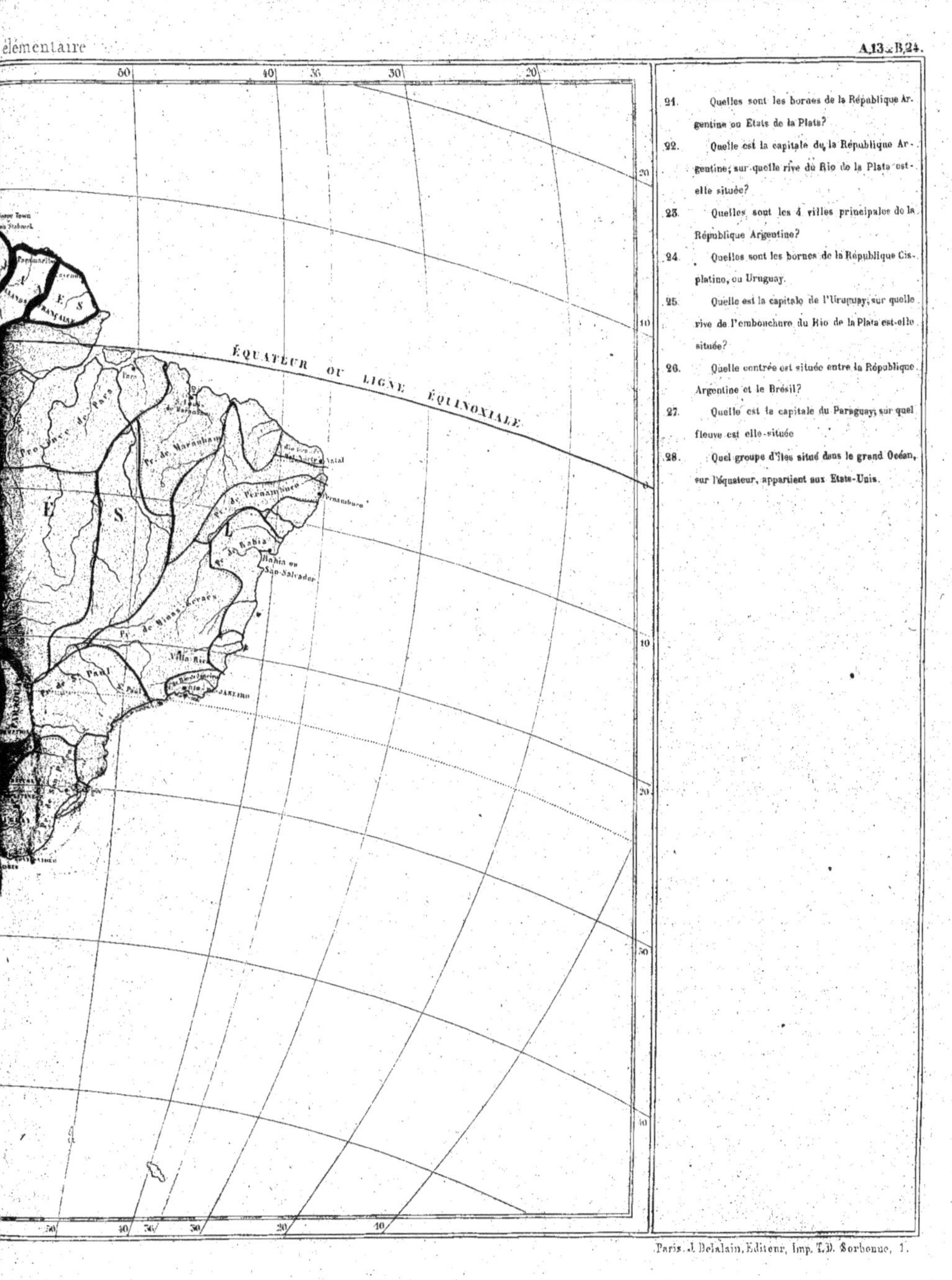

21. Quelles sont les bornes de la République Argentine ou Etats de la Plata?

22. Quelle est la capitale de la République Argentine; sur quelle rive du Rio de la Plata est-elle située?

23. Quelles sont les 4 villes principales de la République Argentine?

24. Quelles sont les bornes de la République Cisplatine, ou Uruguay.

25. Quelle est la capitale de l'Uruguay; sur quelle rive de l'embouchure du Rio de la Plata est-elle située?

26. Quelle contrée est située entre la République Argentine et le Brésil?

27. Quelle est la capitale du Paraguay; sur quel fleuve est elle-située

28. Quel groupe d'îles situé dans le grand Océan, sur l'équateur, appartient aux Etats-Unis.

Paris. J. Delalain, Editeur, Imp. T.D. Sorbonne, 1.

OCÉANIE.

1. Quelles sont les 3 parties de l'Océanie?
2. Quels sont les 4 noms que prend la mer où sont situées les îles de la Notasie?
3. Quels sont les 4 principaux groupes d'îles qui composent la Notasie ou Malaisie?
4. Quelles sont les 3 grandes îles et les 7 petites îles de la Sonde?
5. Quel détroit sépare l'île de Sumatra de l'Asie?
6. Quelles sont les 3 villes principales de Sumatra?
7. Quelle est la capitale de Java et des possessions hollandaises?
8. Quelle est la ville principale de Bornéo?
9. Quel détroit sépare l'île de Bornéo des Célèbes?
10. Quelle est la ville principale des Célèbes?
11. Quelles sont les 4 principales îles des Moluques?
12. Quelles sont les 3 plus grandes des îles Philippines; quelles sont les 2 villes principales et dans quelles îles sont elles situées?
13. Quel est le continent; quelles sont les 3 grandes îles et quels sont les 19 groupes d'îles et petites îles de l'Australie?
14. Au Sud de quel groupe d'îles sont les Antipodes de Paris?
15. Quel cap est au Sud-Ouest de la nouvelle Hollande; quelle mer est au Nord-Est; quel détroit sépare ce continent de l'île de Diémen?
16. Quel nom a reçu la côte orientale; quelle ville y a été fondée par les Anglais; quel port et quelle baie sont tout auprès; quels sont les 2 noms que reçoit la côte méridionale?
17. Quels noms ont reçu les 2 îles qui forment la Nouvelle Zélande?

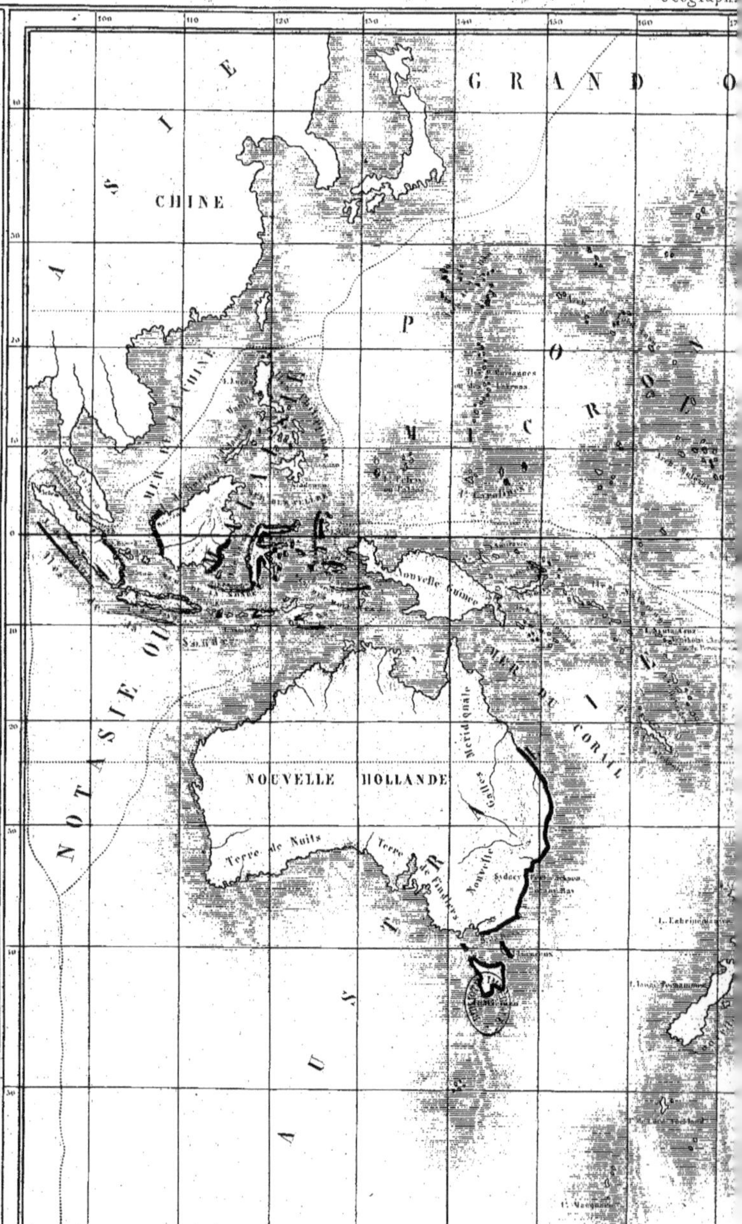

Th. Lejeun & A. Le Bealle.

ÉAN BORÉAL

AMÉRIQUE

ÉTATS-UNIS

TROPIQUE DU CANCER

Sandwich

Owaihi

POLYNÉSIE PROPREMENT DITE

ÉQUATEUR OU LIGNE ÉQUINOXIALE

Arch. Dangereux

TROPIQUE DU CAPRICORNE

18 Quelle est l'île au S. de l'île Sta-Cruz près de laquelle le navigateur français La Pérouse fit naufrage, et en quelle année périt-il?

19 Quelles sont les 2 parties qui composent la Polynésie?

20 Quels sont les 7 principaux groupes d'îles de la Micronésie?

21 Quels sont les 11 principaux groupes d'îles qui sont situés dans la Polynésie proprement dite?

22 Quelle est la principale île du groupe de la société?

23 Quelle est la principale des Sandwich?

24 Quelle est la principale des Sporades Australes?

25 Quelles sont les principales possessions des Européens dans l'Océanie.

POSSESSIONS { Anglaises / Hollandaises / Espagnoles. / Portugaises

Paris, J. Delalain, Editeur, Imp. T.D. Sorbonne, 1.

GÉOGRAPHIE

DE

L'HISTOIRE SAINTE

1. Quelles sont les 2 parties du monde où se sont passés les principaux événements de l'histoire sainte?
2. Quelles sont les 10 contrées principales qui appartiennent à l'Asie; quelle est celle qui est en Afrique?
3. Quelles sont les 4 mers qui baignent les côtes de cette partie de l'Asie et de l'Afrique?
4. Quel golfe est au Sud-Est; quels sont les 2 golfes formés par la mer Rouge, et de quelle contrée la presqu'île bornée à l'Est et à l'Ouest par ces deux golfes fait-elle partie?
5. Quelle est l'île remarquable dans la grande mer?
6. Quelles sont les principales chaînes de montagnes?
7. Quels sont les 4 monts célèbres; où sont-ils situés?
8. Quels sont les 6 principaux cours d'eau; dans quelles mers se jettent-ils?
9. Quelles sont les 14 villes célèbres et dans quelles contrées sont elles situées?
10. Dans quelle contrée et au Sud de quelle chaîne de montagnes croit-on que l'Eden était placé?
11. Où était située la terre de Gessen?
12. Quels sont les 7 peuples qui bornent la terre de Chanaan ou Terre promise: 2 au Nord, 2 à l'Est, et 3 au Sud?
13. Quel peuple et quelle mer la bornent à l'Ouest?
14. Quels sont les 3 principaux déserts de l'Arabie pétrée?
15. Quelles sont les 42 stations des Israélites lors de leur passage d'Egypte dans la Terre promise?

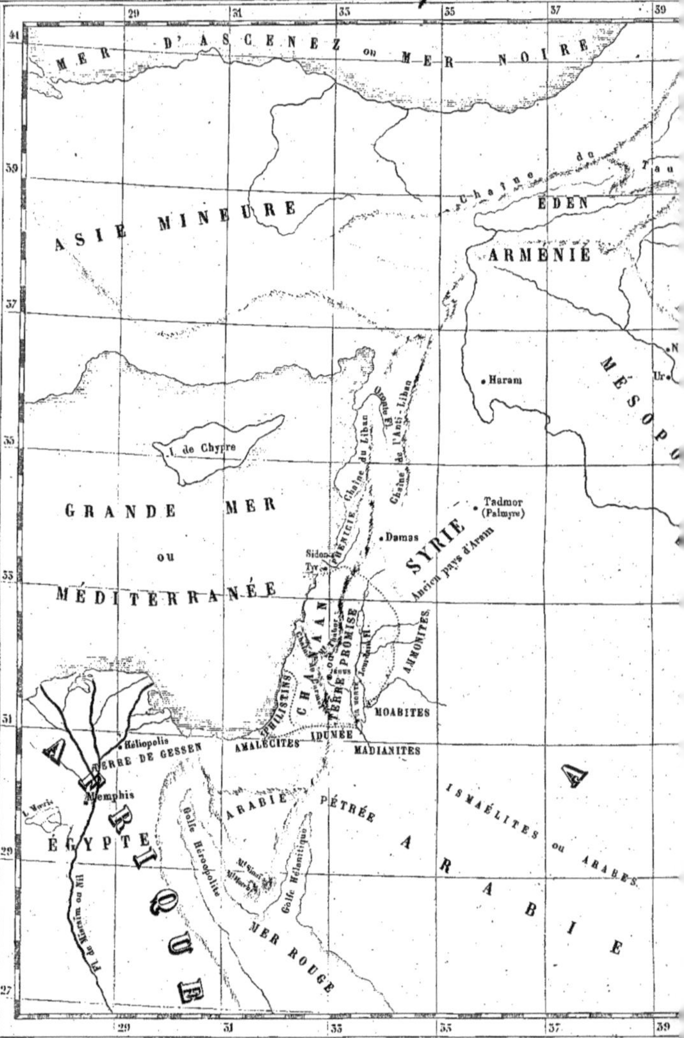

PALESTINE
ou JUDÉE

1. Quelles sont les 6 principales montagnes de la Palestine?
2. Quel fleuve la parcourt du Nord au Sud? — Quel lac ce fleuve traverse-t-il, et dans quelle mer se jette-t-il?
3. Quelles sont les 12 tribus d'Israël?
4. Quelles étaient les 4 provinces de la Palestine au temps de la venue du Messie?
5. Quelles étaient les 4 tribus de Galilée? — Quelles sont les 7 villes célèbres, et dans quelles tribus sont-elles situées?
6. Quelles sont les 2 tribus de la Samarie? — Quelles sont les 3 villes célèbres, et dans quelles tribus sont-elles situées?
7. Quelles sont les 4 tribus de la Judée? — Quelles sont les 12 villes célèbres, et dans quelles tribus sont-elles situées?
8. Quel pays faisait partie de la Judée? — Quelles sont les 3 villes célèbres de ce pays?
9. Quelles sont les 3 tribus de la Pérée? — Quelles sont les 6 villes célèbres, et dans quelles tribus sont-elles situées?
10. Quelle était la capitale de toute la Palestine? — Dans quelle province et dans quelle tribu était-elle située?
11. Quels sont les 2 monts célèbres l'un à l'Est, l'autre à l'Ouest de Jérusalem
12. Quel torrent coule à l'Est, quel hameau et quelle vallée t
13. Quel aqued
14. Quelles son noms aux 3 pri
15. Quels étaie rusalem?
16. Quels sont Oliviers?

Th. Lebrun et A. Le Béalle

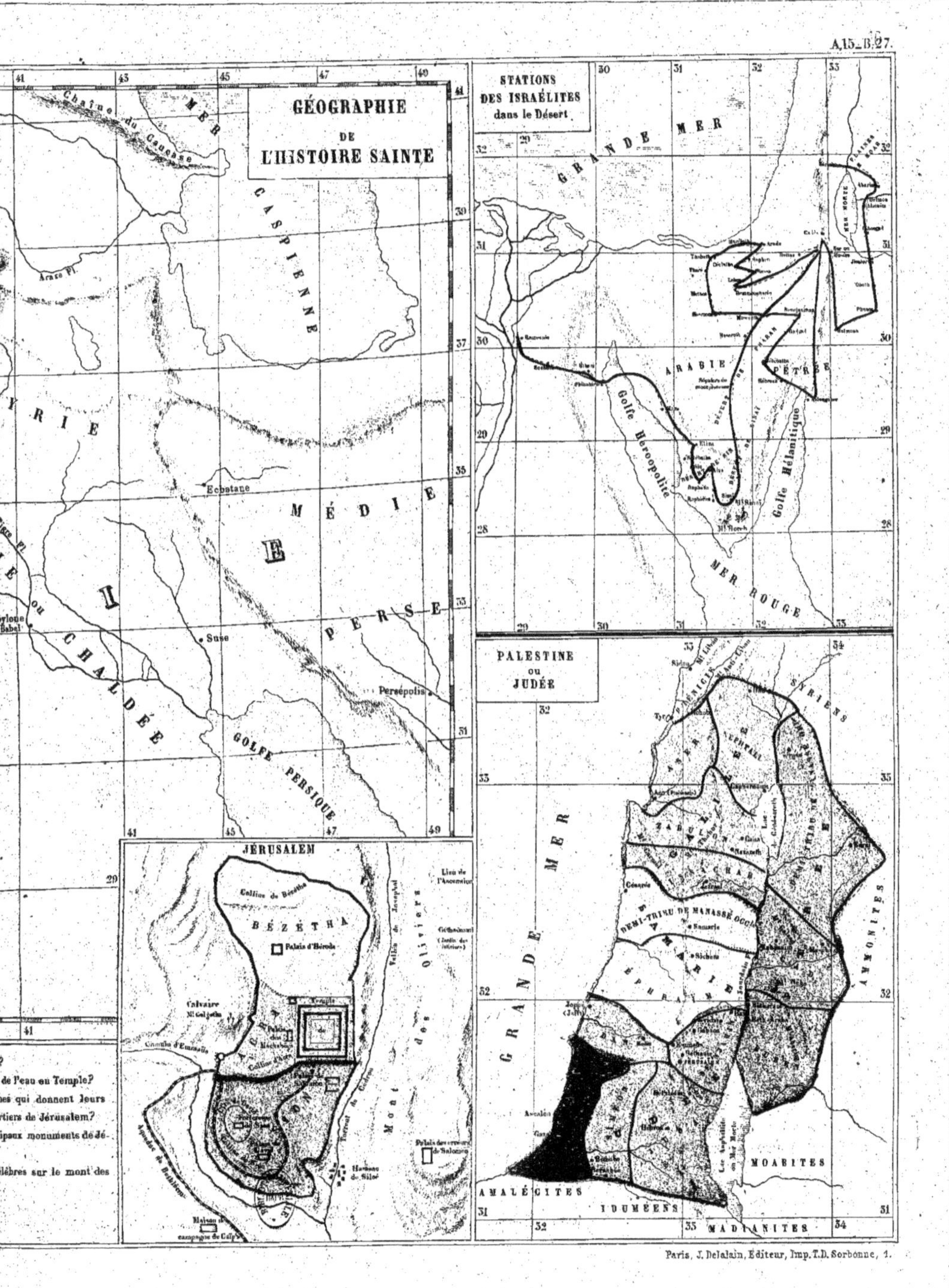

A.15-B.27.
GÉOGRAPHIE
DE
L'HISTOIRE SAINTE
Chaîne du Caucase
MER CASPIENNE
Araxe Fl.
Ecbatane
MÉDIE
PERSE
Suse
Persépolis
CHALDÉE
GOLFE PERSIQUE
STATIONS
DES ISRAÉLITES
dans le Désert
GRANDE MER
ARABIE PÉTRÉE
Golfe Héroopolite
Golfe Élanitique
MER ROUGE
PALESTINE
ou
JUDÉE
PHÉNICIE
SYRIENS
GRANDE MER
DEMI-TRIBU DE MANASSÉ OCC.
Samarie
Sichem
AMMONITES
MOABITES
AMALÉCITES
IDUMÉENS
MADIANITES
JÉRUSALEM
BÉZÉTHA
Palais d'Hérode
Calvaire
Mt Golgotha
Vallée de Josaphat
Mont des Oliviers
Paris, J. Delalain, Éditeur, Imp. T.D. Sorbonne, 1.

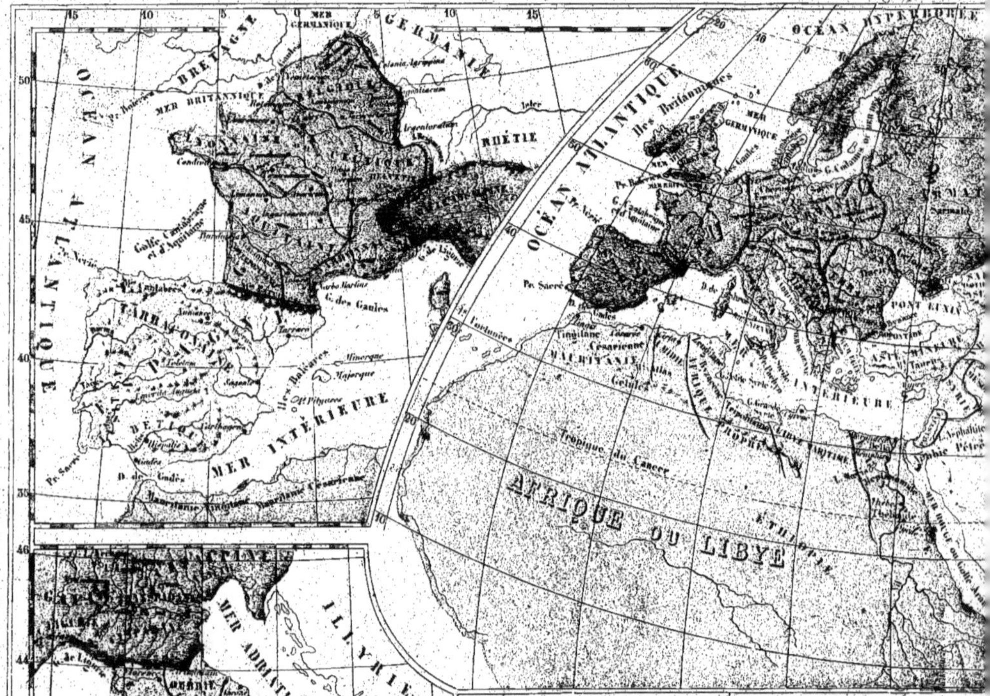

MONDE CONNU DES ANCIENS.

1. Quelles sont les 3 parties du monde connues des anciens?
2. Quelles sont les 18 mers célèbres: 4 grandes, 14 petites?
3. Quels étaient les 21 principaux golfes; par quelles mers sont-ils formés?
4. Quels étaient les 8 principaux détroits ou Bosphores; où sont-ils situés?
5. Quels étaient les 8 principaux Caps ou Promontoires; dans quelles mers s'avancent-ils?
6. Quelles sont les 6 presqu'îles ou Chersonèses célèbres; où sont-elles situées?
7. Quels sont les 5 groupes d'îles et les 13 îles célèbres des grandes mers?
8. Quels sont les 3 groupes d'îles et les 29 îles célèbres des petites mers?
9. Quelles étaient les 14 principales chaînes de montagnes ou monts, et les 2 volcans; où sont-ils situés?
10. Quels étaient les 23 principaux fleuves d'Europe?
11. Quels étaient les 12 principaux fleuves d'Asie?
12. Quel est le fleuve célèbre d'Afrique?
13. Quelles sont les 10 principales rivières en Europe; dans quels fleuves se jettent-elles?
14. Quels étaient les 14 principaux Lacs: 10 en Europe; 3 en Asie, 1 en Afrique?
15. Quelles étaient les 10 contrées ou régions d'Europe: 4 au Nord, 3 au milieu, 3 au Sud?
16. Quelles étaient les 14 contrées ou régions d'Asie: 2 au Nord, 10 au milieu, 2 au Sud?
17. Quelles étaient les 6 contrées ou régions connues de l'Afrique ou Libye?
18. Quelles étaient les 3 parties principales des Iles Britanniques? — Les 2 peuples de la Calédonie? — La ville pricipale de la Bretagne?
19. Quels étaient les 14 principaux peuples de la Germani
20. Quels étaient les 8 principaux peuples de la Sarmatie
21. Quel peuple habitait la côte Sud-Est de la Scand uavie?
22. Quelles étaient, après Auguste, les 6 principale divisions de la Gaule, 4 grandes et 2 petites?
23. Quelles sont les 8 villes célèbres de la Gaule Bel gique?
24. Quelles sont les 10 villes célèbres de la Gaule Ly onnaise ou Celtique?
25. Quelles sont les 4 villes célèbres de l'Aquitaine?
26. Quelles sont les 6 villes célèbres de la Narbonnaise
27. Quelles étaient les 2 parties principales de l'Illyrie?
28. Quelles étaient les 2 parties principales et la vill remarquable de la Thrace?
29. Quelles étaient les 3 parties principales et les villes remarquables de l'Espagne?
30. Quelles étaient les 11 parties principales de l'Italie quelle était leur position relative?
31. Quelles étaient les 4 parties de la Gaule Cisalpin quelles en étaient les 4 villes principales?
32. Quelles étaient les 3 parties du Sud de l'Italie qui avec la Sicile, portaient le nom de Grande Grèce quel pays faisait partie de l'Apulie?
33. Quelles sont les 14 villes célèbres de la Grand Grèce, et la ville principale de la Sardaigne?
34. Quelles sont les 15 autres villes célèbres de l'Itali 4 en Etrurie, 1 en Ombrie, 1 du Picenum, 4 d Latium, 2 du Samnium, 2 de la Campanie?
35. Quelles étaient les 5 parties principales de la Grèce
36. Quelles sont les 11 villes célèbres des 3 parties d Nord de la Grèce?
37. Quelles étaient les 6 parties principales de l'Hellade
38. Quelles sont les 11 villes célèbres de l'Hellade?
39. Quelles étaient les 6 parties principales du Pélo ponnèse?

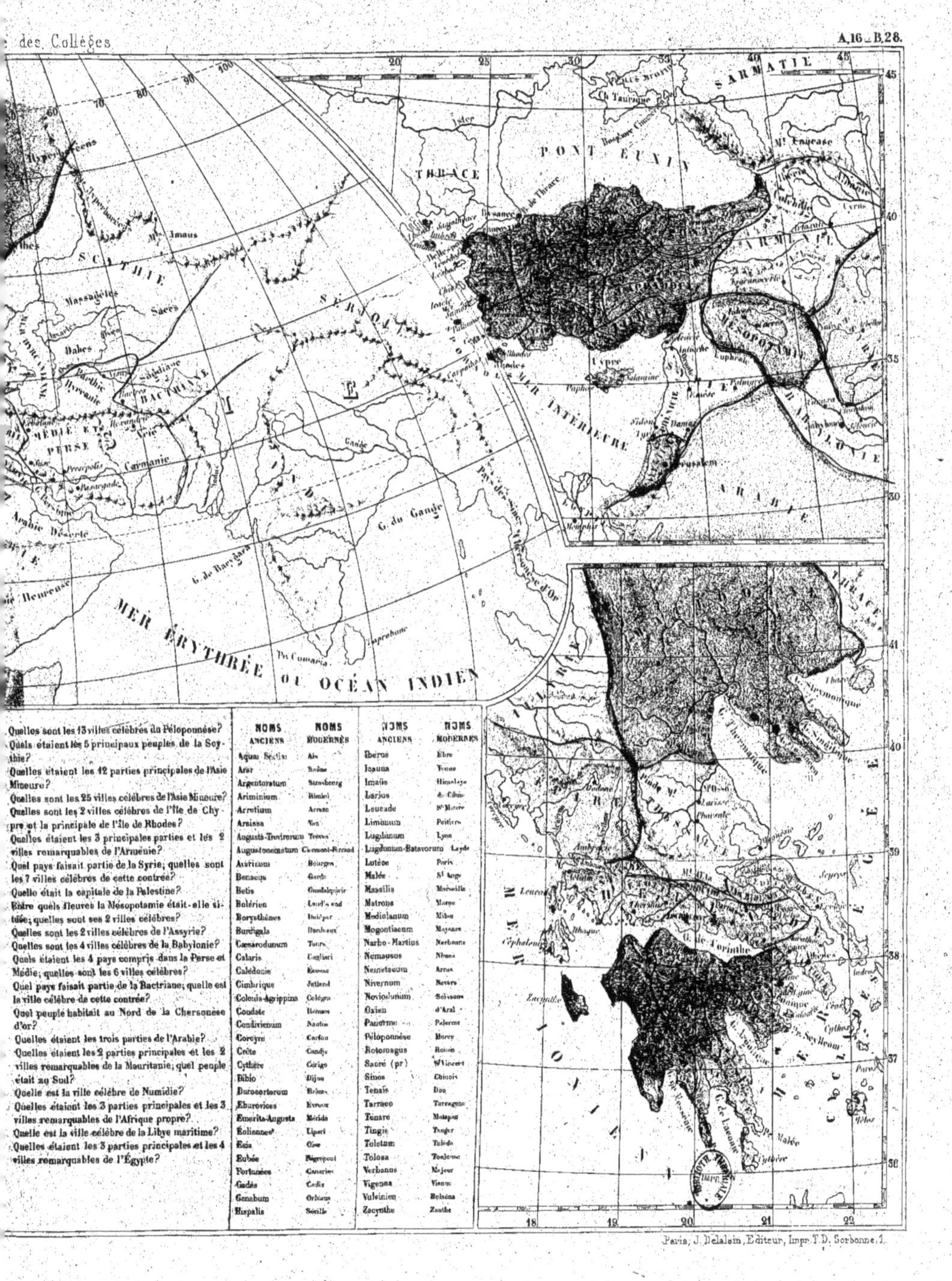

Quelles sont les 13 villes célèbres du Péloponnèse?
Quels étaient les 5 principaux peuples de la Scythie?
Quelles étaient les 12 parties principales de l'Asie Mineure?
Quelles sont les 25 villes célèbres de l'Asie Mineure?
Quelles sont les 2 villes célèbres de l'île de Chypre et la principale de l'île de Rhodes?
Quelles étaient les 3 principales parties et les 2 villes remarquables de l'Arménie?
Quel pays faisait partie de la Syrie; quelles sont les 7 villes célèbres de cette contrée?
Quelle était la capitale de la Palestine?
Entre quels fleuves la Mésopotamie était-elle située; quelles sont ses 2 villes célèbres?
Quelles sont les 2 villes célèbres de l'Assyrie?
Quelles sont les 4 villes célèbres de la Babylonie?
Quels étaient les 4 pays compris dans la Perse et Médie; quelles sont les 6 villes célèbres?
Quel pays faisait partie de la Bactriane; quelle est la ville célèbre de cette contrée?
Quel peuple habitait au Nord de la Chersonèse d'or?
Quelles étaient les trois parties de l'Arabie?
Quelles étaient les 2 parties principales et les 2 villes remarquables de la Mauritanie; quel peuple était au Sud?
Quelle est la ville célèbre de Numidie?
Quelles étaient les 3 parties principales et les 3 villes remarquables de l'Afrique propre?
Quelle est la ville célèbre de la Libye maritime?
Quelles étaient les 3 parties principales et les 4 villes remarquables de l'Égypte?

NOMS ANCIENS	NOMS MODERNES	NOMS ANCIENS	NOMS MODERNES
Aquæ Sextiæ	Aix	Iberus	Èbre
Arar	Saône	Icauna	Yonne
Argentoratum	Strasbourg	Imaüs	Himalaya
Ariminium	Rimini	Larius	de Côme
Arretium	Arezzo	Leucade	Ste Maure
Arsissa	Van	Limonum	Poitiers
Augusta-Trevirorum	Trèves	Lugdunum	Lyon
Augustonemetum	Clermont-Ferrand	Lugdunum-Batavorum	Leyde
Avaricum	Bourges	Lutèce	Paris
Benacus	Garde	Malée	St Ange
Betis	Guadalquivir	Massilia	Marseille
Bolérien	Land's end	Matrona	Marne
Borysthènes	Dniéper	Mediolanum	Milan
Burdigala	Bordeaux	Mogontiacum	Mayence
Cæsarodunum	Tours	Narbo-Martius	Narbonne
Calaris	Cagliari	Nemausus	Nîmes
Calédonie	Écosse	Nemetacum	Arras
Cimbrique	Jutland	Nivernum	Nevers
Colonia-Agrippina	Cologne	Noviodunum	Soissons
Condate	Rennes	Oxien	d'Aral
Condivicnum	Nantes	Panorme	Palerme
Corcyre	Corfou	Péloponnèse	Morée
Crète	Candie	Rotomagus	Rouen
Cythère	Cerigo	Sacré (pr)	St Vincent
Dibio	Dijon	Sinos	Chinois
Durocortorum	Reims	Tenaïs	Don
Eburovices	Evreux	Tarraco	Tarragone
Emerita-Augusta	Mérida	Ténare	Matapan
Éoliennes	Lipari	Tingis	Tanger
Esia	Oise	Toletum	Tolède
Eubée	Négrepont	Tolosa	Toulouse
Fortunées	Canaries	Verbanus	Majeur
Gadès	Cadix	Vigenna	Vienne
Genabum	Orléans	Vulsinien	Bolsena
Hispalis	Séville	Zacynthe	Zante

Paris, J. Delalain, Editeur, Impr. T.D. Sorbonne, 1.

www.ingramcontent.com/pod-product-compliance
Lightning Source LLC
LaVergne TN
LVHW010036230826
846091LV00005B/1731

9782013676502